Grado 5

Mis lecturas
STAAR

Contenido

Ficción realista

¿Qué es la ficción realista?

En la ficción realista se incluyen personajes y tramas que realmente podrían suceder en la vida real. Los ambientes son auténticos, se basan en lugares conocidos, como el hogar, la escuela, la oficina o la granja. El cuento incluye algún tipo de conflicto o problema. El conflicto puede ser algo que el personaje enfrenta consigo mismo, un problema entre los personajes, o un problema entre un personaje y la naturaleza.

¿Cuál es el propósito de la ficción realista?

La ficción realista muestra cómo las personas crecen y aprenden, lidian con éxitos y fracasos, toman decisiones, forjan relaciones y resuelven problemas. Además de hacer pensar a los lectores, la ficción realista es entretenida. La mayoría de nosotros disfruta al "escapar" a la vida de una persona por un rato.

¿Cómo se lee la ficción realista?

Primero, fíjate en el título. El título te dará una pista sobre un personaje o conflicto importante del cuento. A medida que lees, presta atención a los pensamientos, sentimientos y acciones de los personajes principales. Nota cómo cambian los personajes desde el comienzo del cuento hasta el final. Pregúntate: *¿Qué motiva a este personaje a actuar? ¿Puedo aprender algo de sus dificultades?*

Los personajes son como las personas que podrías conocer en la vida real.

El cuento se cuenta desde el punto de vista de la primera o la tercera persona.

Características de la **Ficción realista**

Al menos uno de los personajes tiene un conflicto (consigo mismo, con otros o la naturaleza).

El cuento tiene lugar en un ambiente auténtico.

¡Recuerda escribir anotaciones!

El príncipe y el mendigo

por Mark Twain

1   ¿Cómo tratas a un príncipe? Bueno, como realeza, ¡por supuesto! En el cuento de Mark Twain, *El príncipe y el mendigo,* un príncipe ve que sus guardias maltratan a un plebeyo pobre llamado Tom. Después de encarar al guardia, el príncipe comparte la mesa con Tom y decide intercambiar ropas con él para poder experimentar qué se siente ser un plebeyo.

2   Unos minutos más tarde, el pequeño Príncipe de Gales se veía engalanado con los cachivaches de Tom, y el pequeño Príncipe de los Mendigos se veía engalanado con el llamativo plumaje de la realeza. Los dos se pararon juntos frente a un gran espejo, y ¡que milagro! ¡Parecía que no habían hecho un intercambio! Se miraron, miraron el espejo y se volvieron a mirar.

3   Al final, el príncipe perplejo dijo: —¿Qué te parece?

Notas:

4   —Oh, por favor, su alteza, permítame no contestar.

5   —Entonces yo lo diré. Tienes el mismo cabello, los mismos ojos, la misma voz y entonación, la misma forma y estatura, el mismo rostro y semblante que yo. Nadie podría decir quién eres tú y quién es el Príncipe de Gales. Y, ahora que estoy vestido con tus ropas, me parece que soy capaz de sentir mucho más de cerca cómo te sentiste tú cuando el bruto soldado . . . ¡Oh, no! ¿Tienes un moretón en la mano?

6   —Sí, pero no es nada de cuidado.

7   —¡Por Dios! Fue una acción muy cruel —lloró el pequeño príncipe, pateando el suelo con el pie descalzo—. Si el rey . . . ¡No dé un paso más! ¡Es una orden!

8   En un momento, lo sacaban por la puerta y volando a través de los jardines del palacio en sus harapos, con el rostro hirviendo de rabia y los ojos agitados. Tan pronto como llegó al portón de la entrada, se agarró de las barras y trató de remecerlas, gritando: —¡Abran! ¡Abran la reja!

9   El soldado que había maltratado a Tom obedeció de inmediato. A medida que el príncipe arremetía a través del portón, sofocado con ira real, el soldado le dio un puñetazo en la oreja que lo envió girando hacia la calle, y le dijo: —Toma esto, engendro de mendigo, ¡por lo que me costaste con su alteza!

10   La multitud se rió a carcajadas. El príncipe se puso de pie del lodo, y se acercó valientemente al centinela, gritando: —Yo soy el Príncipe de Gales, mi persona es sagrada. ¡Te pesará el haberme levantado la mano!

11   El soldado se llevó su alabarda al pecho a forma de saludo y dijo burlonamente: —Yo te saludo chistosa alteza. Luego, con rabia: —¡Vete de aquí, loco indecente!

12   Luego, la burlona multitud se reunió alrededor del pobre príncipe, y lo persiguieron por el camino, carcajeando y gritando: —¡Que viva la Alteza Real! ¡Que viva el Príncipe de Gales!

Explicar los papeles y las funciones de los personajes

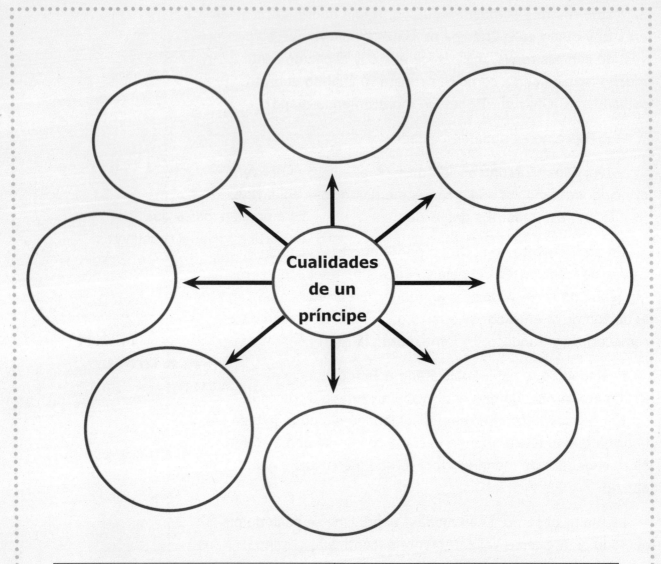

Características positivas del príncipe	Características negativas del príncipe

Mis lecturas STAAR • Grado 5 • ©2015 Benchmark Education Company, LLC

Hallar evidencia textual para explicar acontecimientos históricos

Vuelve a leer "El príncipe y el mendigo". Lee estas oraciones del texto que demuestren que fue escrito en el marco social de una sociedad gobernada por la realeza. Escribe qué puedes inferir sobre el pasado según la oración.

Oraciones del texto	Qué indican sobre el pasado
	Esta oración indica que Tom se dirige al príncipe con respeto y timidez y que probablemente así se le hablaba a la realeza.
	Esta oración me indica que en el pasado la realeza se vestía con ropas extravagantes.
	Esta oración me indica que en el pasado, los miembros de la realeza podían gritar una orden y ella debía cumplirse.
	Esta oración me indica que el príncipe se sentía una persona muy importante e intocable.
	Esta oración me indica que el príncipe tenía mucho poder y que podía vengarse cuando lo deseara.

Preguntas dependientes del texto

1 En el párrafo 2, el autor se refiere a "el pequeño Príncipe de los Mendigos". ¿De quién habla y por qué lo llama así?

_____

_____

_____

Evidencia textual:

_____

_____

_____

2 Compara cómo actúan Tom y el príncipe en los párrafos 2 a 7.

_____

_____

_____

Evidencia textual:

_____

_____

_____

3 Explica por qué el soldado golpea al príncipe después de dejar que cruzara la reja.

_____

_____

_____

_____

Evidencia textual:

_____

_____

Preguntas de práctica

1 Lee esta entrada de diccionario.

> **entrada** *sustantivo*
> **1.** cantidad de dinero obtenida
> **2.** principio de una obra
> **3.** ángulo entrante sin pelo en la frente
> **4.** espacio por donde se ingresa a un lugar

¿Cuál definición refleja el uso de la palabra en el párrafo 3?

A Definición 1

B Definición 2

C Definición 3

D Definición 4

---

2 En el párrafo 11 el soldado dice: "Yo te saludo chistosa alteza", para

F mostrarle respeto al príncipe.

G burlarse del príncipe.

H demostrar que reconoce al príncipe.

J pedirle perdón al príncipe.

---

3 Teniendo en cuenta los acontecimientos de este cuento, ¿qué puede concluir el lector sobre el príncipe?

A Cree que todos deben ser tratados con igualdad.

B Cree que todos deben ser tratados con amabilidad.

C Cree que no es correcto darles órdenes a todos.

D Piensa que los plebeyos deben ser vistos, pero no deben ser oídos.

Un juego es un juego, ¿o no?

1   Era uno de esos días oscuros y lluviosos de verano cuando no hay nada que hacer más que pasar el rato en casa. Cai y yo estábamos jugando Scrabble® en mi porche. Su perro Tucker estaba durmiendo cerca de nosotros, dando vueltas, resoplando y roncando. Jake y Linda paseaban por la lluvia con sus impermeables. Supongo que no nos vieron porque Jake dijo, en voz muy alta: —¡Cai juega muy mal al básquetbol!

2   Levanté la mirada para ver si Cai estaba bien, y sí lo estaba. Se encogió de hombros por la rudeza de Jake y continuó mirando el tablero de Scrabble®.

3   —Yo soy un gran jugador de básquetbol, —decía Jake—. Me muevo como un torbellino, pero jugar contra ti no es un desafío. ¡He tratado de enseñarte Linda, pero no escuchas!

4   —Tal vez escucharía mejor si dejaras de gritarme —dijo Linda.

5   Me di cuenta de que Cai estaba empezando a sentirse triste porque se encogía de hombros cada vez más. Comenzó a acariciar a Tucker, como solía hacer cuando necesitaba un amigo. Yo no sabía qué decir, así que le grité a Jake: —¡Oye! Estamos aquí escuchando todo lo que estás diciendo.

Notas:

6   Jake y Linda se dieron la vuelta. Los ojos de Jake estaban muy abiertos y parecía avergonzado, pero no se disculpó. Sólo se quedó allí, boquiabierto.

7   Entonces habló Cai: —Jake, estamos jugando Scrabble®. ¿Quieres jugar? A veces me cuesta creer lo bueno que Cai puede ser. Jake movió los pies y murmuró: —No, gracias. Pero no se fue. Sólo se quedó allí, observando como Cai, Linda y yo empezamos a jugar.

8   —Soy terrible en los juegos de palabras —dijo Jake.

9   —Siéntate. Te voy a enseñar cómo jugar —dijo Cai, sonriendo.

10   —Gracias, —dijo Jake—. Y bueno, realmente lo siento, por lo que dije.

11   —Está bien, Jake. Algunas personas son buenas para los juegos de mesa y otras son buenas para el básquetbol. No lo tomes como algo personal, pero creo que María y yo felizmente nos quedaremos con los juegos de mesa y te dejaremos los tiros de canasta a ti.

Un juego es un juego, ¿o no?

¡Recuerda anotar! →

1   Era uno de esos días miserables, oscuros y lluviosos de verano cuando no hay nada que hacer más que pasar el rato en casa. Cai y yo estábamos jugando Scrabble® en mi porche cubierto. Su perro Tucker estaba durmiendo cerca de nosotros, dando vueltas, resoplando y roncando. Jake y Linda paseaban, vestidos para caminar en la lluvia. Supongo que no nos vieron porque Jake gritó: —¡Cai juega muy mal al básquetbol!

2   Levanté la mirada para ver cómo Cai tomaría el insulto. Se encogió de hombros con calma tras la rudeza de Jake y continuó mirando el tablero de Scrabble®.

3   —Yo soy un jugador de básquetbol fenomenal, —decía Jake—. Me muevo como un torbellino, así que jugar contra ti es súper fácil. ¡He tratado de enseñarte Linda, pero no escuchas!

4   —Bueno, tal vez escucharía mucho mejor si dejaras de gritarme así —dijo Linda.

5   Me di cuenta de que Cai estaba empezando a sentirse triste porque se encogía de hombros cada vez más. Comenzó a acariciar a Tucker, como solía hacer cuando necesitaba un amigo. Yo no sabía qué decir, así que le grité a Jake: —¡Oye! Estamos aquí escuchando todo lo que estás diciendo.

Notas:

6   Jake y Linda se dieron la vuelta. Los ojos de Jake estaban muy abiertos y parecía avergonzado. Pero no se disculpó, no dijo ni una palabra. Sólo se quedó allí, boquiabierto mirándonos.

7   Entonces habló Cai: —Jake, estamos jugando Scrabble®. ¿Quieres jugar? A veces me cuesta creer lo bueno que Cai puede ser. Jake movió los pies y murmuró: —No, gracias. Pero no se fue. Sólo se quedó allí, observando como Cai, Linda y yo empezamos a jugar.

8   —Soy terrible en los juegos de palabras —dijo Jake finalmente, con los ojos fijos en el suelo.

9   —Siéntate. A mí me encantaría enseñarte cómo jugar —dijo Cai, sonriendo.

10   —Gracias, —dijo Jake—. Y bueno, realmente lo siento, por lo que dije.

11   —Está bien, Jake. Todos tenemos nuestros talentos. Algunas personas son buenas para los juegos de mesa y otras son buenas para los deportes. No lo tomes como algo personal, pero creo que María y yo felizmente nos quedaremos con los juegos de mesa y te dejaremos los tiros de canasta a ti.

Preguntas dependientes del texto

1 ¿Cuál es el conflicto principal y cómo se resuelve?

_____

_____

_____

Evidencia textual:

_____

_____

_____

2 ¿En qué se diferencia Cai de Jake?

_____

_____

Evidencia textual:

_____

_____

3 ¿Qué detalles del cuento muestran que María es amiga de Cai?

_____

_____

Evidencia textual:

_____

_____

_____

Preguntas de práctica

1 ¿Cuál de los siguientes es el **mejor** resumen del cuento?

A Jake y Linda están paseando cerca de la casa de María. Jake insulta a Cai al decir que juega muy mal al básquetbol. Esto hiere los sentimientos de Cai, pero no lo demuestra. Cai le pide a Jake que juegue el juego de mesa con él para demostrarle que realmente no está molesto por lo que Jake dijo.

B Jake dice que Cai juega muy mal al básquetbol. Esto enoja a María, pero Cai sólo se siente triste. Cai se siente mejor al jugar con Jake.

C Cai y Maria están jugando un juego de mesa. Escuchan que Jake dice que Cai juega muy mal al básquetbol. Cai se siente herido, pero no se enoja. En vez de eso, invita a Jake a jugar con ellos. Jake se niega, y dice que es malo para los juegos de mesa. Eso hace que Cai se sienta mejor sobre sí mismo.

D Cai y María están jugando un juego de mesa. Jake y Linda pasan caminando cerca de ellos. Jake se jacta de sus destrezas de básquetbol. Linda reclama que Jake le grita mucho cuando juegan. Cai invita a Jake a jugar al juego de mesa con ellos.

---

2 Cuando Cai acaricia a Tucker, ello demuestra que Cai se siente

F feliz de que su perro Tucker sea su amigo.

G preocupado de que Jake vea que él se siente herido.

H triste de escuchar que juega muy mal al básquetbol.

J aburrido de jugar a los juegos de mesa con María.

---

3 ¿Qué suceso dispara el conflicto principal en el cuento?

A Jake dice que Cai juega muy mal al básquetbol.

B Jake se jacta de sus destrezas atléticas.

C Cai invita a Jake a jugar juegos de mesa.

D María le dice a Jake que escucharon lo que dijo.

Ficción realista

Escritura

¿Cómo cambió la relación entre el príncipe y el guardia después de que los niños intercambiaron ropa? ¿Podrías argumentar que su relación no cambió?

	La relación entre el príncipe y el guardia	Evidencia
Antes de que los niños intercambiaran ropa		
Después de que los niños intercambiaran ropa		

_____

_____

_____

_____

_____

_____

16

Hacer inferencias

Lee cada pregunta de inferencia. Bajo "Lo que sé" anota tu conocimiento de contexto y/o experiencias que te ayudan a contestar la pregunta. Bajo "Lo que infiero" escribe una respuesta de una oración a la pregunta de inferencia.

> *"Nadie podría decir quién eres tú*
> *y quién es el Príncipe de Gales".*

1. ¿Qué puedes inferir sobre el príncipe por la manera en que se refiere a sí mismo por su título, Príncipe de Gales?

Lo que sé	Lo que infiero

> *"—Oh, por favor, su alteza, permítame no contestar".*

2. ¿Qué sugiere sobre Tom el hecho de que llama al príncipe "su alteza"?

Lo que sé	Lo que infiero

> *"—¡Por Dios! Fue una acción muy cruel —lloró el pequeño príncipe,*
> *pateando el suelo con el pie descalzo—. Si el rey . . .".*

3. ¿Qué implica "Si el rey . . ." sobre la reacción que tendría el rey si supiera lo que el soldado le hizo a Tom?

Lo que sé	Lo que infiero

Enfoque en el género

MITOS

¿Qué es un mito?

Un mito es un cuento que explica algo que ocurre en la naturaleza. Un mito podría explicar cómo comenzó el mundo o por qué el mundo es como es. Normalmente, el personaje principal de un mito es un dios, una diosa o un héroe con poderes especiales. A veces el héroe de un mito realiza una búsqueda, un viaje en busca de aventuras.

¿Qué propósito tienen los mitos?

Hace mucho tiempo, las personas creían que los mitos eran verídicos. Recurrían a estos cuentos para explicar los sucesos que no podían comprender, como las tormentas muy fuertes o por qué existen el día y la noche. Hoy en día, los mitos nos ayudan a conocer los sucesos que confundieron o les interesaron a las personas de la antigüedad. Las explicaciones que encierran los mitos son creativas y divertidas.

¿Cómo se lee un mito?

A menudo, el título nos dice qué suceso natural se explicará en el mito. Piensa en cómo se explica ese suceso mientras lees el mito. Busca a un héroe con poderes extraordinarios. Pregúntate: ¿Qué hace este héroe? ¿Cómo ayudan a explicar el suceso las labores que realiza el héroe?

¿Quién inventó los mitos?

En la antigüedad, los cuentacuentos contaban mitos para contestar preguntas sobre el mundo. Sus oyentes comprendían a los héroes de estos mitos. Eran héroes con características humanas similares a las suyas, pero sus poderes sobrenaturales los ayudaban a realizar tareas increíbles. En un mito griego ancestral, el dios Prometeo les da a los humanos el regalo del fuego. En otro mito, la diosa Démeter explica los cambios de las estaciones. En otro, el dios mexicano Quetzalcoatl realiza un peligroso viaje a su tierra natal. Con el paso de los siglos, estos cuentos se contaron una y otra vez hasta que finalmente se escribieron. Hoy en día, la ciencia ha explicado los sucesos de los mitos, pero los lectores aún prefieren disfrutar de las emocionantes aventuras de estos héroes.

Mis lecturas STAAR • Grado 5 • ©2015 Benchmark Education Company, LLC

Los mitos tienen personajes humanos, o con características humanas y con sentimientos humanos.

Por lo general, los mitos tratan sobre sucesos que ocurrieron antes del principio de la historia documentada.

A menudo, los mitos explican los orígenes del mundo y sus criaturas.

CARACTERÍSTICAS DE UN MITO

Los mitos incluyen dioses, diosas y héroes con poderes sobrenaturales.

A menudo, los mitos explican la visión del mundo de un pueblo o de una cultura y pueden contener elementos religiosos.

Con frecuencia, los personajes ejecutan obras heroicas y tienen aventuras.

BELEROFONTE Y PEGASO:

UN CUENTO DE LA ANTIGUA GRECIA

¡Recuerda anotar!

1   Hace mucho tiempo atrás, en la ciudad griega de Corintos, vivía un joven llamado Belerofonte. El padre de Belerofonte era un excelente jinete que le enseñó a su hijo todo sobre la equitación. Pronto, el hijo se volvió tan experto como su padre, pero había un caballo que ni él ni nadie podía montar: un hermoso caballo alado, llamado Pegaso.

2   Pegaso a veces aparecía en el cielo como una nube veloz que pronto desaparecía de la vista. Todo quien le daba una mirada a Pegaso deseaba poder amansar al caballo y cabalgarlo. Algunas personas lo buscaban en el monte Helicon, adonde iba a diario a beber agua de una fuente especial, pero Pegaso no permitía que ningún mortal se le acercara. ¡Cómo deseaba Belerofonte capturar y cabalgar a esa magnífica criatura!

3   Cuando Belerofonte tuvo dieciséis años, provocó la muerte de un hombre por accidente. La pena por asesinato era el exilio, y aunque Belerofonte no había deseado matar a nadie, tenía que sufrir esa pena. Así que dejó Corintos para siempre.

4   Los viajes de Belerofonte lo llevaron a Licia, donde el rey Yóbates lo entretuvo. Después de disfrutar de una cena, Ybates le habló a Belerofonte sobre la Quimera, un monstruo come hombres que aterrorizaba a su pueblo y que devastaba su tierra. El temible Quimera tenía una cabeza de león y una cabeza de cabra. Una temible serpiente en la punta de su cola daba latigazos en todas direcciones. Las tres cabezas de Quimera lanzaban fuego. Yóbates le preguntó a Belerofonte si haría el intento de luchar contra la bestia y matarla.

5   Dispuesto a probar su valor, Belerofonte aceptó el desafío, pero pensaba que sólo podría triunfar con la ayuda del caballo alado. Le pidió consejo a un hombre sabio, Poliido, sobre cómo capturar a Pegaso. Poliido le dijo a Belerofonte que llevara ofrendas al templo de la diosa Atenea y que pasara ahí la noche.

6   Mientras dormía en el templo, Belerofonte soñó que Atenea le regalaba una brida dorada. Cuando despertó, encontró la brida dorada a su lado. Claramente, se había ganado el favor de los dioses.

7   Belerofonte viajó al Monte Helicon. Cuando Pegaso fue a beber de la fuente, Belerofonte sostuvo la brida dorada en alto. Pegaso se volvió manso y no trató de escapar de Belerofonte cuando este le puso la brida sobre la cabeza. Belerofonte montó el magnífico semental y juntos volaron hacia el cielo.

8   Quimera nunca había tenido que protegerse de un ataque aéreo. Belerofonte y Pegaso se abalanzaron hacia Quimera desde el aire, esquivando las llamaradas del monstruo al volar hacia arriba. Pronto mataron a la terrible bestia. El pueblo de Licia estaba alegre y, en agradecimiento, el rey Yóbates le dio a Belerofonte una parte de su reino. Tiempo después, la hija de Belerofonte se convirtió en la prometida de Belerofonte.

9   Belerofonte alcanzó otras grandes hazañas con el caballo alado. Las personas comenzaron a alabarlo y a honrarlo como a un héroe. Su orgullo creció tanto, que decidió cabalgar en Pegaso hasta la cima del Monte Olimpo, la morada de los dioses. Voló más y más alto, hasta que Zeus, el rey de los dioses, se cansó de la arrogancia del hombre. Mandó a un tábano para que provocara al caballo alado. Pegaso corcoveó cuando el insecto lo picó, y Belerofonte cayó a tierra. Por el resto de sus días, Belerofonte vagó como mendigo entre los extraños, sin un peso y encorvado por el dolor.

10   Pegaso siguió volando a la cima del Monte Olimpo, en donde se convirtió en un compañero especial de Zeus. Con el tiempo, Zeus le dio un hogar permanente en el cielo. Pegaso es hoy en día una constelación de estrellas, visible en el claro cielo nocturno.

Notas:

Mitos

Evaluar detalles sensoriales

Palabras y frases que describen a Pegaso	Palabras y frases que describen a la Quimera

¡Dibuja!

Pegaso	La Quimera

Mis lecturas STAAR • Grado 5 • ©2015 Benchmark Education Company, LLC

Describir los incidentes que mueven el cuento

10	Belerofonte se convirtió en mendigo.
9	
8	
7	
6	
5	
4	
3	
2	
1	

Preguntas dependientes del texto

1 ¿Qué significa la palabra **exilio** en este texto?

_____

Evidencia textual:

_____

_____

_____

2 ¿Cuándo gana Belerofonte el favor de los dioses? ¿Cuándo lo pierde?

_____

_____

Evidencia textual:

_____

3 ¿Qué fenómeno natural explica el mito?

_____

_____

Evidencia textual:

_____

_____

_____

4 En el párrafo 8, ¿cómo el autor ayuda al lector a sentir la emoción de Belerofonte y Pegaso en la batalla contra la Quimera?

_____

_____

Evidencia textual:

_____

_____

Mis lecturas STAAR • Grado 5 • ©2015 Benchmark Education Company, LLC

Preguntas de práctica

1 El uso del autor del lenguaje figurado en el párrafo 2 enfatiza que

   A Pegaso es un hermoso caballo alado.

   B nadie puede atrapar o domar a Pegaso.

   C Pegaso necesita agua como un caballo mortal.

   D Pegaso visitaba el Monte Helicon todos los días.

---

2 ¿Cómo logra Belerofonte matar a la Quimera?

   F Engaña a la Quimera para que use una brida.

   G Empuja a la Quimera desde el Monte Olimpo.

   H Cabalga en el lomo de Pegaso y vuela más rápido que la Quimera.

   J Cabalga en el lomo de Pegaso y ataca a la Quimera en el aire.

---

3 ¿Por qué tiene sentido que Zeus esté enojado cuando Belerofonte trata de volar con Pegaso hasta la cima del Monte Olimpo?

   A Belerofonte está maltratando a Pegaso al hacerlo volar tan alto.

   B Belerofonte se está volviendo más popular entre los mortales que Zeus.

   C Belerofonte sólo ha logrado algunas grandes hazañas desde que mató a la Quimera.

   D Belerofonte es un mortal y el Monte Olimpo es sólo para los dioses y diosas.

Pandora
Un mito griego

1   Zeus era el dios griego del cielo y gobernaba el Monte Olimpo, el hogar de todos los dioses griegos. Prometeo también era un dios. Era el creador y protector de los humanos.

¡Recuerda escribir anotaciones!

2   Prometeo sentía que las personas necesitaban fuego ya que sin él, no serían capaces de cocinar alimentos o calentar sus hogares. Pero el fuego era uno de los secretos más ocultos de los dioses. Así que Prometeo ayudó a las personas a robar fuego del Monte Olimpo.

3   Zeus estaba muy enojado: —¡Ahora las personas tienen su propia fuente de fuego! ¡Ya no necesitan respetar a los dioses para recibir este regalo!

4   Zeus castigó a Prometeo, pero estaba mucho más enojado con las personas. —¡Las personas deben pagar por robar el fuego de los cielos! —gritó. Así que Zeus creó un plan para poder vengarse de las personas.

5   Primero, Zeus creó a la mujer más hermosa de todas. Luego invitó a todos los dioses a conocerla. Les pidió que trajeran un regalo. Al ser regalos de dioses, estos regalos eran muy especiales. Por ejemplo, Afrodita le dio a la mujer el regalo de la gracia y el encanto. Apolo le dio a la mujer el regalo del talento musical.

6   —Llamaré a esta mujer Pandora que significa "todos los regalos" —dijo Zeus.

7   Zeus envío a Pandora a la Tierra como regalo para el hermano de Prometeo. Se sabía que el hermano de Prometeo no era muy inteligente. Prometeo le había advertido a su hermano que nunca recibiera regalos de los dioses, especialmente de Zeus, pero él no escuchó.

8   —¿Has visto lo hermosa que es? —dijo el hermano—. Me casaré con ella de todas maneras.

9   Pandora llegó a la Tierra sosteniendo una gran caja que llevaba un gran candado. Zeus le dijo que le diera la caja y la llave a su esposo.

10   —Como una advertencia para ustedes dos —dijo Zeus—. ¡Nunca, jamás abran esta caja!

11   Junto con su belleza, encanto y talento, Pandora también había recibido el regalo de la curiosidad. Tenía mucha curiosidad por saber que había dentro de la caja. ¿Qué podría ser tan precioso que necesitaba un candado? Ella pensaba en la caja día y noche.

12   —¡Por favor, abrámosla! —Pandora le rogó a su esposo. Pero él siempre decía: —Tú sabes que no podemos abrirla.

13   Un día, mientras su esposo dormía una siesta, ¡Pandora le robó la llave!

14   Pandora metió la llave en el candado y lentamente levantó la tapa. Con una explosión de humo verde, salieron de la caja todo tipo de cosas feas y horribles a las que los humanos temían.

15   ¡Enfermedad! ¡Preocupaciones! ¡Crimen! ¡Odio! ¡Monstruos!

Notas:

Notas:

16   Todo lo que molestaba y aterrorizaba a los humanos salió de la caja. Las cosas malas volaron sobre el lugar como abejas enojadas, moviéndose en enjambre y picando.

17   —¡Oh, no! —gritó Pandora. Trató de atrapar las cosas malas y ponerlas dentro de la caja, pero era demasiado tarde. Las cosas malas formaron un tornado de maldad terrible. La agobiante tormenta voló por la puerta y se tragó el aire de la ciudad.

18   Mientras Pandora observaba con horror, escuchó que algo titilaba y resonaba al fondo de la caja. Se asomó a mirar y vio que había una última cosa en la caja.

19   —Esto no es para nada feo —dijo aliviada—. De hecho, es hermoso.

20   En ese instante, Zeus apareció. Pandora agachó la cabeza con vergüenza. —Me has desobedecido —dijo Zeus señalándola con el dedo—. ¿Ves esto en la caja? Esto es la Esperanza. Yo controlaré la Esperanza.

21   Zeus recogió la caja y la Esperanza y regresó al Monte Olimpo.

Pandora
Un mito griego

¡Recuerda tomar notas! ←

1   Zeus era el dios griego del cielo y gobernaba el Monte Olimpo, que era el hogar de todos los dioses griegos. Otro de los dioses griegos era Prometeo. Era el creador y protector de toda la humanidad.

2   A Prometeo le importaban las personas que había creado, y estaba decicido a mejorar sus vidas. Hasta ese entonces, sólo los dioses conocían el secreto del fuego, y las personas en la Tierra vivían sus vidas con frío y en la miseria. Prometeo decidió robarse el fuego del Monte Olimpo para que las personas pudieran cocinar sus alimentos y calentar sus hogares.

3   Cuando Zeus vio lo que Prometeo había hecho, se enfureció y reventó en ira.

4   —¡Ahora que las personas tienen su propia fuente de fuego! —gritó— ¡ya no necesitan respetar a los dioses para recibir este regalo!

5   Zeus no estuvo contento con sólo castigar a Prometeo, deseaba que las personas sintieran su ira.

6   —¡Las personas deben pagar por robar de los cielos! —gritó. Así que Zeus creó un plan para poder vengarse de las personas.

7   Primero, Zeus creó a la mujer más hermosa del mundo e invitó a todos los dioses a conocerla. Les pidió que trajeran un regalo y, como todos eran de dioses, estos regalos eran, obviamente, muy especiales. Por ejemplo, Afrodita le dio a la mujer el regalo de la gracia y el encanto. Apolo le dio a la mujer el regalo del talento musical.

8   —Llamaré a esta mujer Pandora que significa "todos los regalos" —dijo Zeus.

Notas:

9   Entonces, Zeus envío a Pandora a la Tierra como regalo para el hermano de Prometeo, que se sabía que no era muy inteligente. Prometeo le había advertido a su hermano muchas veces que nunca aceptara los regalos de los dioses, especialmente de Zeus. Sin embargo, desafortunadamente, el hermano de Prometeo no escuchó sus consejos o no les prestó atención, ya que alegremente aceptó el regalo de Zeus y le dio la bienvenida a Pandora con los brazos abiertos.

10   —¿Has visto lo hermosa que es? —dijo el hermano—. Me casaré con ella de todas maneras.

11   Pandora llegó a la Tierra sosteniendo una gran caja que llevaba un gran candado. Zeus le dijo que le diera la caja y la llave a su esposo.

12   —Como una advertencia para ustedes dos —dijo Zeus—. ¡Nunca, jamás abran esta caja!

13   Junto con su belleza, encanto y talento, Pandora también había recibido el regalo de la curiosidad. Tenía mucha curiosidad por saber lo que había dentro de la caja. ¿Qué habrá adentro?, se preguntaba. ¿Qué podría ser tan precioso que necesitaba un candado? Pensaba en la caja día y noche.

14   —¡Por favor, abrámosla! —Pandora le rogó a su esposo. Pero él siempre estaba firme en la misma respuesta y decía: —Tú sabes que no podemos abrirla.

15   Un día, mientras su esposo dormía una siesta, Pandora le robó la llave.

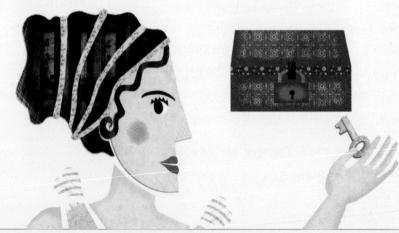

Notas:

16   Pandora metió la llave en el candado y lentamente levantó la tapa. Con una explosión de humo verde, salieron de la caja todo tipo de cosas feas y horribles a las que los humanos temían.

17   ¡Enfermedad! ¡Preocupaciones! ¡Crimen! ¡Odio! ¡Monstruos!

18   Todo lo que molestaba y aterrorizaba a los humanos salió de la caja. Los males volaron sobre el lugar como abejas enojadas, moviéndose en enjambre y picando.

19   —¡Oh, no! —gritó Pandora. Trató de atrapar las cosas malas y ponerlas dentro de la caja, pero era demasiado tarde. Las cosas malas formaron un tornado de maldad terrible. La agobiante tormenta voló por la puerta y se tragó el aire de la ciudad.

20   Mientras Pandora observaba con horror, escuchó que algo titilaba y resonaba al fondo de la caja. Se asomó a mirar y vio que había una última cosa en la caja.

21   —Esto no es para nada feo —dijo aliviada—. De hecho, es hermoso.

22   En ese instante, Zeus apareció. Pandora agachó la cabeza con vergüenza. —Me has desobedecido —dijo Zeus señalándola con el dedo—. ¿Ves esto en la caja? Esto es la Esperanza. Yo controlaré la Esperanza.

23   Zeus recogió la caja con la Esperanza dentro de ella y regresó al Monte Olimpo.

Preguntas dependientes del texto

1 ¿Qué problema crea la caja para Pandora? ¿Tiene éxito para resolver su problema?

_____

_____

Evidencia textual:

_____

_____

_____

2 Considerando lo que sucede en el mito, ¿le sienta bien el nombre a Pandora?

_____

_____

Evidencia textual:

_____

_____

3 ¿En qué se diferencian el Prometeo de "Pandora" y Atenea en "Belerofonte y Pegaso" de Zeus?

_____

_____

_____

Evidencia textual:

_____

_____

_____

_____

Preguntas de práctica

1 Teniendo en cuenta los sucesos del párrafo 2, ¿qué conclusión puede sacar el lector sobre Prometeo?

    A Él tiene un corazón noble.

    B Él tiene una mente celosa.

    C Él tiene un espíritu juguetón.

    D Él tiene una naturaleza tacaña.

---

2 En el párrafo 15, el autor usa el lenguaje figurado para enfatizar un sentido de

    F poder y majestuosidad.

    G misterio y asombro.

    H horror y confusión.

    J desilusión y arrepentimiento.

---

3 ¿Qué dicho expresa mejor el tema del cuento?

    A La esperanza es eterna.

    B Antes que te cases, mira lo que haces.

    C La curiosidad mató al gato.

    D Más vale prevenir que curar.

Mis lecturas STAAR • Grado 5 • ©2015 Benchmark Education Company, LLC

Escribir

En "Belerofonte y Pegaso", Zeus es el rey de todos los dioses pero, desafortunadamente, tiene muy mal carácter. Su mal comportamiento tiene graves consecuencias para Belerofonte. Imagina que ahora tú eres el gobernante supremo de los dioses con incluso más autoridad que Zeus. Escríbele un correo electrónico a Zeus diciéndole que debe tomar clases de control de la agresividad. Da ejemplos del comportamiento de Zeus y de las consecuencias que tuvo para Belerofonte.

Usa la tabla planificadora para organizar tus ideas, y luego escribe tu correo electrónico en las líneas de abajo.

¿Qué enojó a Zeus?	
¿Qué hizo Zeus porque estaba enojado?	
¿Qué sucedió como resultado del comportamiento enojado de Zeus?	
¿Quién además de Belerofonte podría haberse visto afectado por el comportamiento enojado de Zeus?	

Mis lecturas STAAR • Grado 5 • ©2015 Benchmark Education Company, LLC

Vocabulario

En "Belerofonte y Pegaso", el padre de Belerofonte era "un excelente jinete que le enseñó a su hijo todo sobre la equitación". La palabra *equitación* proviene de la raíz latina *equus*, que significa "caballo". La palabra *equino* también proviene de la raíz *equus*. Puede significar "miembro de la familia de los caballos" o "que se parece a un caballo".

Existen otras palabras como equino, que terminan en los sufijos *-ino/-ina, -eño/-eña* y *-ario* que se usan en literatura y que no sólo hablan de los animales, sino que describen personas. Usa las claves de contexto en las siguientes oraciones para descubrir el significado de las palabras subrayadas.

1. Jared sentía una lealtad casi <u>canina</u> por su equipo favorito de básquetbol, cuyo récord era 13 y 0.

   _____

2. Sus brazos gordos y rosados y su andar encorvado le dieron al mesero una extraña apariencia <u>porcina</u>.

   _____

3. Los penetrantes ojos de Franklin, su nariz <u>aguileña</u>, y sus uñas con forma de garras inspiraban respeto y todos sus estudiantes se sentían como conejitos asustados corriendo a la madriguera más cercana.

   _____

4. El viento echó a volar las hojas secas en un despliegue <u>aviario</u> que se elevaba e iba en círculos como un enjambre de golondrinas sincronizado.

   _____

5. El cantante de una banda de rock pesado entró en escena como realeza, con su cabello largo, rizado y rubio voluminizándose cerca de su rostro con perfección <u>leonina</u>.

   _____

6. El jugador de fútbol americano dio un grito <u>osino</u> a medida que se abalanzaba hacia otro jugador.

   _____

BIOGRAFÍA

¿Qué es una biografía?

Una biografía es la narración factual de la vida de otra persona. La persona puede haber vivido hace mucho tiempo atrás o en la historia reciente, o puede incluso estar viva todavía. Las biografías pueden tratar sobre la vida entera de una persona o sólo sobre las partes importantes. Una biografía incluye citas directas de la persona. Esto ayuda al lector a hacer una conexión con la persona.

¿Cuál es el propósito de una biografía?

Una biografía ayuda al lector a comprender las personas, lugares, épocas y sucesos de la vida de una persona. Provee un resumen de las experiencias de vida y logros principales de la persona. La manera en que el autor escribe la biografía ayuda al lector a percibir a la persona como un ser humano de carne y hueso que tenía (o que quizás todavía tiene) un impacto en la vida de otros.

¿Cómo se lee una biografía?

El título te dirá quién es el sujeto de la biografía y podría incluir algo interesante sobre él o ella. El primer párrafo tratará de "enganchar" al lector al captar su atención. A medida que lees, nota el ambiente. El ambiente suele influenciar lo que ocurre en la vida de una persona. También presta atención a la secuencia de sucesos en la vida de la persona. Pregúntate: *¿Este suceso le ocurrió a la persona o la persona hizo que eso sucediera? ¿Cómo este suceso afectó la vida de la persona? ¿Qué admiro de esta persona?*

¿Quién escribe biografías?

Las personas que escriben biografías quieren aprender más sobre la vida de otros y cómo esas personas causaron un impacto en el mundo. Algunas personas escriben biografías porque están interesadas en un tema determinado, como deportes, historia o gastronomía. Otros escriben biografías, ¡simplemente porque están interesados en otras personas!

Mis lecturas STAAR • Grado 5 • ©2015 Benchmark Education Company, LLC

Una biografía indica la fecha y lugar de nacimiento de la persona.

Una biografía comienza "enganchando" al lector.

Una biografía trata sobre la familia, niñez y sucesos importantes de la persona.

Características de una Biografía

Una biografía describe el impacto de la persona en el mundo.

Una biografía describe la personalidad y las características de la persona.

Una biografía incluye citas de la persona o personas que la conocían.

Mis lecturas STAAR • Grado 5 • ©2015 Benchmark Education Company, LLC

Gordon Parks y su cámara

¡Destaca información importante! →

1   Gordon Parks nació en Fort Scott, Kansas, en 1912. Su ciudad estaba <u>segregada</u>, como muchas otras partes de los Estados Unidos en esa época.

2   En algunas partes del sur del país, las leyes y las costumbres forzaban a las personas negras y blancas a usar distintas escuelas y otros establecimientos públicos. No podían sentarse en la misma sección del teatro o beber de la misma fuente de agua. El norte no estaba segregado estrictamente por raza, pero a lo largo y ancho del país,

las personas afro-americanas tenían pocas oportunidades económicas y educacionales.

3   Gordon Parks sintió el dolor de ese racismo desde niño y a lo largo de gran parte de su vida adulta. Pero desde el principio tomó una decisión muy importante: "Tome una cámara porque era la manera de luchar contra lo que yo odiaba más en este universo: el racismo, la intolerancia y la pobreza. Podría haber escogido un cuchillo o un arma, como muchos de mis amigos de la infancia, pero yo escogí no seguir ese camino. Sentí que de alguna manera podría dominar esos demonios al hacer algo hermoso . . . Podría forjar una vida completamente diferente para mí mismo".

4   Gordon era el menor de quince hermanos en una familia pobre. Sus padres enfatizaban la importancia de la educación, la igualdad y la verdad. Trabajaban arduamente en su pequeña granja y enseñaron a sus niños valores religiosos muy fuertes.

5   Gordon tenía 15 años de edad cuando su madre murió. Él se fue a vivir con una hermana en San Paul, Minnesota, pero al cabo de un año ya no tenía un lugar donde vivir. Realizó muchos trabajos para ganarse la vida. Limpió pisos, lavó platos y tocó el piano. Él pasó muchos años viajando de un lugar a otro y le fue difícil ganar lo suficiente para costearse comida y vivienda.

6   Finalmente, en 1934, Parks encontró un trabajo estable sirviendo comidas en un tren que salía de San Paul. Se casó y tuvo tres hijos. Durante esa época, encontró una revista que alguien había dejado en el tren. Esta tenía fotografías que mostraban las terribles condiciones de algunos trabajadores agrícolas de los Estados Unidos.

7   Inspirado por esas imágenes, se compró una cámara. Tomó sus primeras fotos en Seattle, Washington, al final de la línea del tren. Estaba tan concentrado en las imágenes que se cayó al océano mientras trataba de fotografiar a las gaviotas.

8   Muy pronto, dio un salto profesional gracias a su talento. Trabajó como fotógrafo de modas en San Paul. Luego se

Notas:

mudó a Chicago para seguir trabajando en fotografía de modas, pero también tomó sus propias fotografías de las personas de la ciudad. Esas fotografías lograron que ganara un premio y una oferta de trabajo. Se convirtió en el primer fotógrafo afro-americano en trabajar para el gobierno de los Estados Unidos documentando la vida cotidiana del país.

9   Parks falleció el año 2006 a los 93 años. Con los años le concedieron al menos 45 grados universitarios de honor, aunque él nunca acabó la escuela secundaria. Escribió libros de ficción, no ficción y poesía. Escribió y dirigió películas para teatros y televisión. Escribió y ayudó a producir un ballet. Pero fueron sus fotografías las que lograron tocar a millones de personas alrededor del mundo.

10   Una serie de fotografías de 1961 mostraban a un joven en Brasil que sufría de asma, pero que no tenía dinero para tratamiento. Las fotografías de Parks animaron a la gente a donar miles de dólares para ayudar al chico. Parks fue capaz de traer al niño a los Estados Unidos donde se le realizó un tratamiento que salvaría su vida.

11   Parks fotografió personas y sucesos del movimiento de derechos civiles de los afro-americanos entre las décadas de 1950 y 1970. Algunas de sus otras fotografías persuadieron a los legisladores americanos a crear programas para ayudar a las personas pobres y que pasaban hambre.

12   Parks decía que su cámara era su "arma contra la pobreza y el racismo". Pero nos mostró otras caras del mundo también, incluyendo hermosas imágenes de modelos, artistas, trabajadores y niños. "La cámara no sólo se puede usar para retratar la miseria", dijo Parks. "Con ella puedes mostrar la belleza, puedes mostrar las cosas que te gustan sobre el universo, las cosas que odias sobre el universo. Es capaz de hacer ambas cosas".

Gótico estadounidense

13   Parks tomó una de sus fotografías más famosas en su primer día de trabajo en Washington, D.C., en 1942. Muestra a una mujer afro-americana limpiando el piso en un edificio gubernamental. Parks, a propósito, hizo que la foto se pareciera a una de las pinturas americanas más famosas de todos los tiempos creada en 1930 por Grant Wood. Ambas se titulan Gótico estadounidense. La fotografía de Parks mostraba un lado de la vida estadounidense sobre el que pocas personas blancas habían pensado.

Notas:

Biografía

Montaña hacia el éxito

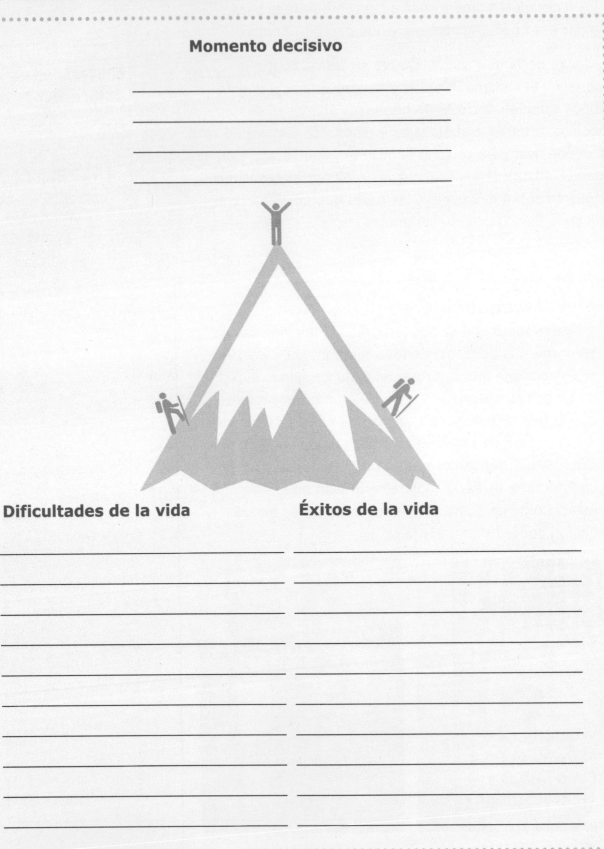

Momento decisivo

_____

_____

_____

_____

Dificultades de la vida

Éxitos de la vida

Identificar el punto de vista de los medios de comunicación

	Pintura de Grant Wood	Fotografía de Gordon Parks	¿Parecidas o diferentes?
¿Cuál es el título de cada obra?			
¿Quiénes son las personas en cada obra?			
¿Qué objetos sostienen las personas?			
¿Las personas lucen relajadas y alegres o serias y trabajando?			

Preguntas dependientes del texto

1 Compara cómo se trataba a las personas afro-americanas en el sur de EE. UU. en 1912 a cómo se les trataba en el norte.

_____

_____

_____

Evidencia textual:

_____

_____

_____

2 Describe cómo se inspiró Parks y cómo inspiró a otros.

_____

_____

_____

Evidencia textual:

_____

_____

_____

3 ¿Qué conclusión puede sacar el lector sobre Parks a partir de la información del párrafo 9?

_____

_____

Evidencia textual:

_____

_____

_____

Preguntas de práctica

1. En el párrafo 1, la palabra <u>segregada</u> significa:

   A pobre.

   B violenta.

   C dividida.

   D atestada.

2. El propósito de los párrafos 6 a 7 es mostrar

   A cómo se trataba a los trabajadores de las granjas de los EE.UU.

   B por qué Parks quería ganar dinero.

   C cuándo Parks consiguió su primer trabajo tomando fotografías.

   D cómo Parks se interesó en la fotografía.

3. ¿Cuál de estas declaraciones respalda la idea de que las fotografías de Parks "lograron tocar el corazón de millones de personas alrededor del mundo"?

   A Él ayudó a un niño a obtener tratamiento para el asma.

   B Él recibió 45 grados de honor de las universidades.

   C Él convenció a los legisladores americanos a ayudar a los pobres.

   D Él tomó fotografías durante el movimiento de los derechos civiles.

Biografía

El comienzo de algo nuevo

¡Destaca información importante!

1   En la Francia del siglo XIX, sólo había un estilo "aceptable" de pintura. El arte buscaba lucir realista y sólo mostrar temas religiosos o históricos. En las presentaciones de arte, todas las pinturas eran similares. ¿Cómo es que en la actualidad en los museos hay tantos estilos diferentes? Muchos dicen que todo comenzó con un grupo llamado los *impresionistas*.

2   En 1874, un grupo de artistas en París trataba de hacer algo nuevo. Ellos usaban colores sorprendentes y formas vagas y borrosas. También usaban pinceladas rápidas. Los artistas sorprendieron a los expertos con este nuevo acercamiento al arte: "Parece como si fuera una mera impresión", dijo alguien sobre una pintura que hoy en día es muy famosa. Este insulto sirvió para nombrar el movimiento. Había nacido el impresionismo.

Mis lecturas STAAR • Grado 5 • ©2015 Benchmark Education Company, LLC

3   Algunos impresionistas pasaron años estudiando un tema. Por ejemplo, Pierre-Auguste Renoir estudió a las bailarinas y Claude Monet los nenúfares. Pintaron los mismos objetos, con diferentes luces y colores, destacando el movimiento y el sentimiento. Otros pintores escogieron temas como los parques o los veleros. Los impresionistas les enseñaron a los críticos que hay más cosas que vale la pena pintar además de la realeza y la religión. Los impresionistas hallaban belleza en las cosas pequeñas y capturaron la intensidad de la vida.

4   Muchos impresionistas eran pobres porque sus pinturas no se vendían bien. A las personas les costó apreciar estas pinturas porque que eran diferentes a lo que conocían. Pero los impresionistas creían en su trabajo y siguieron pintando. Hoy en día, sus obras se encuentran en los museos más importantes del mundo, lo que prueba que tenían razón.

5   El impresionismo abrió las puertas para que otros artistas probaran nuevos estilos. Hoy en día, no hay una manera "correcta" de pintar. Los impresionistas nos enseñaron que siempre hay maneras refrescantes de ver el color y la vida.

Notas:

Biografía

El comienzo de algo nuevo

1   En la Francia del siglo XIX, sólo había un estilo "aceptable" de pintura. Este arte buscaba lucir realista y los temas siempre eran religiosos o históricos. En las presentaciones de arte, las pinturas eran todas muy similares. ¿Cómo es que en la actualidad en los museos hay tantos estilos diferentes? Muchos dicen que todo comenzó con un grupo de hombres y mujeres llamados impresionistas.

2   Era 1874 en París; un grupo de artistas estaba tratando de hacer algo nuevo. A diferencia de otros artistas de la época, estos pintores usaban colores sorprendentes; formas vagas y borrosas; y pinceladas precipitadas para representar los objetos que pintaban. Los expertos de arte estaban asombrados por este nuevo acercamiento al arte: "Parece como si fuera una mera impresión", dijo alguien, criticando una pintura que hoy en día es muy famosa. Su insulto serviría luego para nombró el movimiento. El impresionismo había comenzado, con o sin la aprobación del mundo artístico.

Notas:

3   Algunos impresionistas, como Pierre-Auguste Renoir y Claude Monet, pasaron años estudiando un tema determinado, como las bailarinas o los nenúfares. Pintaron los mismos objetos una y otra vez, con diferentes luces y colores, destacando el movimiento y el sentimiento. Otros pintores escogieron temas como los parques o los veleros. El sorprendente arte de los impresionistas les enseñó a los críticos que hay más cosas que vale la pena pintar además de la realeza y la religión. Al explorar la belleza en las cosas pequeñas, estos artistas capturaron la intensidad de la vida como nadie lo había hecho antes.

4   Muchos impresionistas vivieron en la pobreza porque sus pinturas no se vendían bien. A las personas les costó que les gustaran estas pinturas ya que eran muy diferentes. Pero los impresionistas no cambiaron. Sabían que su trabajo era hermoso e importante, y hoy en día, sus costosas obras se encuentran en los museos más importantes del mundo, lo que prueba que estaban en lo cierto.

5   El impresionismo abrió las puertas para que otros artistas trataran de presentar nuevos estilos creativos. Hoy en día, no hay una manera "correcta" de pintar. Los impresionistas nos enseñaron que siempre hay espacio para maneras refrescantes de ver el color y la vida.

Preguntas dependientes del texto

1 Describe cómo era la pintura antes de los impresionistas.

_____

_____

_____

Evidencia textual:

_____

_____

_____

2 ¿Cuál fue el propósito del autor para escribir este artículo? ¿Crees que el autor logró su propósito? Explica por qué.

_____

_____

_____

Evidencia textual:

_____

_____

_____

_____

3 Escribe un resumen breve del párrafo 3. Comienza declarando con tus propias palabras cuál es el mensaje principal del párrafo.

_____

_____

_____

Evidencia textual:

_____

_____

_____

Preguntas de práctica

1   Al principio, los expertos pensaron que los impresionistas eran

   A   frescos y nuevos.

   B   brillantes y asombrosos.

   C   descuidados e imprecisos.

   D   impactantes e irrespetuosos.

2   ¿Cuál de estas declaraciones expresa la idea principal del párrafo 3?

   F   Los impresionistas cambiaron las ideas ya aceptadas de lo que debía pintarse.

   G   Los impresionistas ayudaron a las personas a aprender a apreciar la naturaleza.

   H   Los impresionistas rechazaron los valores religiosos de la mayoría de los críticos de arte.

   J   Los impresionistas lucharon contra las reglas que la realeza imponía a los pintores.

3   El autor escribió este artículo principalmente para

   A   animar a los artistas a probar la pintura impresionista.

   B   contar la historia del impresionismo y su impacto en el arte.

   C   persuadir a más personas a apoyar a los artistas impresionistas.

   D   explicar el proceso de pintar un cuadro impresionista.

Escritura

¿Qué hizo Gordon Parks para probar que una cámara puede ser un "arma contra la pobreza y el racismo"? Piensa en otro problema que enfrenta el mundo hoy en día. ¿Cómo podrías usar una cámara para ayudarte a resolver el problema?

Usa la tabla para organizar tus ideas y luego escribe en las líneas de abajo.

Arma contra la pobreza	Arma contra el racismo

Otro problema que enfrenta el mundo hoy en día:

_____

_____

_____

_____

Cómo yo podría usar una cámara para resolver el problema:

_____

_____

_____

_____

_____

Resumir

Lee el siguiente párrafo de "Gordon Parks y su cámara". Luego lee los resúmenes de abajo y completa las oraciones para explicar el/los problema(s) de cada resumen.

> *Parks tomó una de sus fotografías más famosas en su primer día de trabajo en Washington, D.C., en 1942. Mostraba a una mujer afro-americana limpiando el piso en un edificio gubernamental. Parks, a propósito, hizo que la foto se pareciera a una de las pinturas americanas más famosas de todos los tiempos creada en 1930 por Grant Wood. Ambas se titulan "Gótico estadounidense". La fotografía de Parks mostró un lado de la vida americana sobre el que pocas personas blancas habían pensado.*

1 Gordon Parks tomó una fotografía que mostraba a los estadounidenses blancos cómo vivían algunas personas afro-americanas. Creo que este párrafo es la parte más interesante del artículo. Tomó la foto en 1942, en Washington, D.C. Era una foto de . . .

El problema con este resumen es que

_____

2 Gordon Parks tomó la foto "Gótico estadounidense" en 1942, en Washington, D.C. Era una fotografía de una mujer afro-americana limpiando. La fotografía se parecía a la pintura "Gótico estadounidense" de Grant Wood.

El problema con este resumen es que

_____

3 Gordon Parks tomó una foto que mostraba a los estadounidenses blancos cómo vivían algunas personas afro-americanas. En 1930, Grant Wood pintó un cuadro muy famoso llamado "Gótico estadounidense". En su primer día de trabajo como fotógrafo, Gordon Parks tomó una foto de una mujer afro-americana limpiando un edificio del gobierno.

El problema con este resumen es que

_____

Poesía

¿Qué es un poema?

Un poema es una composición de palabras que usa imaginería y ritmo para capturar un momento en el tiempo y compartir un sentimiento. Los versos de la mayoría de los poemas se organizan en párrafos, llamados estrofas. Los poemas pueden o no rimar, y no siempre siguen las reglas de puntuación.

¿Cuál es el propósito de un poema?

El propósito de un poema es narrar una historia o capturar un pensamiento, una imagen, un sonido o un sentimiento de manera breve.

¿Cómo se lee un poema?

Lee el título. Luego lee cada verso y trata de hallar el ritmo del poema. Piensa en qué agrega cada idea a la imagen que el poeta, o hablante, está tratando de "pintar". Trata de visualizar las imágenes, sonidos y sentimientos que el poeta describe. Piensa sobre qué trata el poema y cómo te hace sentir. Lee el poema de nuevo y analízalo en mayor profundidad para hallar cualquier significado oculto.

¿Quién inventó los poemas?

Las personas han compartido poemas por miles de años. En el pasado, los poemas se usaban para contar historias.

Mis lecturas STAAR • Grado 5 • ©2015 Benchmark Education Company, LLC

Un poema suele ser breve.

Un poema usa imaginería para capturar un momento, contar un cuento o expresar una emoción.

Un poema tiene ritmo.

Características de un **Poema**

Los versos de un poema pueden ser una palabra, una frase o una oración completa.

Los versos de un poema pueden o no rimar.

Los versos de un poema pueden agruparse para formar una oración.

Poesía

La nave de los sueños

por Eugene Field

Apunta tus ideas.

Cuando el mundo duerme,
    A medianoche, a lo largo de los cielos,
como si fuera una nube errante,
    vuela la fantasmal nave de los sueños.
5 Un ángel hay al timón de la nave,
    otro ángel en la proa. A la vez,
un ángel al costado de la nave de los sueños
    olleva una coronilla sobre su tez.
Los otros ángeles, con coronas plateadas,
10   son el piloto y el timonel.
Y el ángel con su coronilla piadosa
    los sueños lanza hacia el tropel.
Los sueños caen sobre el rico y el pobre.
    Sobre el joven y el viejo caen.
15 Y algunos son sueños de pobreza,
    y otros sueños el oro traen.
Y otros sueños entusiasman con su alegría,
    y algunos se derriten en llanto.
Y algunos son sueños del comenzar del amor,
20   y otros de los viejos años de espanto.
Caen sobre el rico y el pobre,
    sobre el joven y sobre el anciano,

Notas:

llevando a su terrenal dormidera esos deleites
    y tristezas diversas.
25 En ellos, la juventud sin amigos llevará a cabo
    las hazañas de hombres poderosos.
Y la encorvada edad sentirá la gracia
    nuevamente, de su alegría, gozosos.
El rey será un mendigo,
30   y el mendigo un rey será.
Y es que es venganza o recompensa
    lo que la nave de los sueños traerá.
Y los sueños flotan por siempre hacia abajo
    que son para todos y para mí.
35 Y que ningún hombre mortal
    su misterio puede asir.
Pero más adelante en su curso
    a lo largo de los cielos encantados,
como si fuera un cenicero de nubes,
40   vuela la fantasmal nave de los sueños.
Dos ángeles con sus coronas plateadas
    son el piloto y el timonel.
Y el ángel con su coronilla piadosa
    los sueños lanza hacia el tropel.

Poesía

Resumir y parafrasear textos

Las pesadillas en el poema	Los sueños dulces en el poema

Resumen

_____

_____

_____

_____

_____

_____

_____

Mis lecturas STAAR • Grado 5 • ©2015 Benchmark Education Company, LLC

Analizar cómo los poetas usan efectos de sonido

15	Y algunos son sueños de pobreza,
16	y otros sueños el oro traen.
17	Y otros sueños entusiasman con su alegría,
18	y algunos se derriten en llanto;
19	Y algunos son sueños del comenzar del amor,
20	y otros de los viejos años de espanto.

Y algunos son

_____

Y otros son

_____

Y algunos son

_____

Y otros son

_____

Y algunos son

_____

Preguntas dependientes del texto

1. ¿Sobre qué trata principalmente el poema?

_____

_____

_____

Evidencia textual:

_____

_____

_____

2. Lee este verso del poema. Es tu evidencia textual.

> *Y los sueños flotan por siempre hacia abajo*

¿De qué manera el ritmo de las palabras y la repetición del sonido "s" ayudan al lector a comprender este verso?

_____

_____

_____

_____

_____

3. Vuelve a leer el final del poema, comenzando con el verso 35 ("Y que ningún hombre mortal"). ¿Por qué el autor repite las ideas de los versos 3–12 al final del poema?

_____

_____

_____

Evidencia textual:

_____

_____

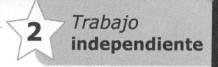

Preguntas de práctica

1. En "La nave de los sueños" el poeta usa aliteración en los versos 1 a 4 al repetir la letra "s". Esto crea un sentimiento de

   A alegría.

   B miedo.

   C misterio.

   D emoción.

2. En "La nave de los sueños", el poeta usa la imagen de los ángeles lanzando sueños desde una nave para mostrar que los sueños:

   F no son planificados.

   G tienen poco valor.

   H son las respuestas a las oraciones.

   J tienen un propósito especial.

3. ¿Cuál es la manera principal en que el poeta muestra que todos sueñan?

   A al usar rima

   B al usar ritmo

   C al repetir las ideas

   D al anotar los contrastes

Poesía

Escritura

En "La nave de los sueños" el poeta escribe: "Y los sueños flotan por siempre hacia abajo / Que son para todos y para mí". ¿Qué significan esos versos? ¿Cómo respalda esa idea el poeta?

Usa la tabla planificadora para organizar tus ideas y luego escribe en las líneas de abajo.

¿Qué significan los versos?	
¿Sobre quién caen los sueños?	

_____

_____

_____

_____

_____

_____

_____

_____

Analizar el ritmo

Analiza el ritmo en "La nave de los sueños". Copia cada verso del poema en la columna derecha de la tabla, usando letras mayúsculas para las sílabas que tienen énfasis.

"La nave de los sueños"	Sílabas enfatizadas
Cuando el mundo duerme,	
A medianoche, a lo largo de los cielos	
Como si fuera una nube errante	
Vuela la fantasmal nave de los sueños.	
Un ángel hay al timón de la nave,	
Otro ángel en la proa, a la vez,	
Un ángel al costado de la nave de los sueños	
Lleva una coronilla sobre su tez.	

Textos informativos: Estudios sociales

¿Qué es un texto informativo?

Un texto informativo es un texto de no ficción que presenta información de una manera precisa y organizada. Suele tratar sobre un tema en particular, como un suceso o período histórico o un descubrimiento científico. Puede tratar sobre cualquier tema, como un deporte o un pasatiempo. La narración periodística de una elección local y un capítulo de un libro de historia sobre una batalla famosa son ejemplos de textos informativos.

¿Cuál es el propósito de los textos informativos?

Un texto informativo tiene un propósito principal: informar. La mejor escritura informativa hace esto de manera que atrapa la atención de los lectores. Atrapa a los lectores, los hace querer seguir leyendo y saber más sobre el tema.

¿Cómo se lee un texto informativo?

Cuando leas un texto informativo, busca hechos y los detalles que los respaldan. Lee críticamente para asegurarte de que tus conclusiones tienen sentido. Si hay más de una manera de ver un suceso o una situación, asegúrate de que se proporcionan en el texto. Pregúntate: *¿Aprendí algo nuevo de este texto? ¿Quiero saber más sobre esto? ¿Puedo sacar mis propias conclusiones sobre lo que he leído?*

¿Quién escribe textos informativos?

Los escritores que conocen bien su tema escriben buenos textos informativos. Lo hacen al convertirse en mini-expertos en lo que escriben. Se aseguran de que respaldan la información con datos históricos, gráficas (como líneas cronológicas y diagramas), y evidencia de expertos. Utilizan fuentes principales: información de primera mano, como revistas y fotografías.

La información es precisa y los datos han sido corroborados.

El texto tiene un comienzo fuerte, que engancha a los lectores.

El texto usa fuentes principales cuando es adecuado.

Características de un Texto informativo

El texto tiene un final sólido que deja a los lectores pensando.

La información incluye gráficas que respaldan el texto.

El texto incluye perspectivas múltiples de manera que el lector pueda sacar sus propias conclusiones.

El texto tiene una organización lógica de los conceptos principales.

IS LECTURAS STAAR • GRADO 5 • ©2015 BENCHMARK EDUCATION COMPANY, LLC

Los indígenas pueblo
de Nuevo México

1   Cuando los exploradores españoles llegaron por primera vez al suroeste de lo que hoy son los Estados Unidos, descubrieron un tipo de comunidad que nunca habían visto antes. Encontraron aldeas en las que todos vivían en construcciones grandes hechas de adobe, o ladrillos de barro secados al sol. La estructura de adobe tenía suficientes habitaciones para acomodar a todas las familias de la comunidad. Los exploradores llamaron *pueblos* a esos asentamientos. En los Estados Unidos hoy en día, la palabra *pueblo* todavía se usa para denominar a esas comunidades indígenas-americanas. Los miembros de estas comunidades se conocen como los pueblo.

2   Las comunidades pueblo de Nuevo México son conocidas por la hermosa cerámica que hacen. Su tradición de artesanía es muy antigua. Se remonta a las épocas en que sus ancestros, los anasazi, comenzaron a practicar la agricultura. Al principio, los anasazi se mudaban constantemente ya que obtenían su comida mediante la caza y la recolección. Cuando comenzaron a practicar la agricultura, se asentaron. Es ahí cuando empiezan a desarrollar la cerámica.

3   La cerámica tenía muchos usos prácticos. Se usaba para almacenar, llevar, cocinar y servir agua y comida. También tenía algunos usos especiales. Por ejemplo, una vasija con una base y dos surtidores se convirtió en parte de la ceremonia de bodas.

MIS LECTURAS STAAR • GRADO 5 • ©2015 BENCHMARK EDUCATION COMPANY,

Notas:

4   Los arqueólogos han hallado muchos tiestos de cerámica en lugares habitados por la comunidad pueblo y sus ancestros. Al estudiar estos vestigios, han aprendido mucho sobre cómo ha cambiado la cerámica con los siglos. Las primeras vasijas eran simples, pero a lo largo de los años, los artesanos comenzaron a desarrollar estilos que iban más allá de las formas meramente funcionales. Desarrollaron técnicas para crear patrones y colores hermosos. Estas hermosas vasijas pueblo, tanto antiguas como modernas, suelen hallarse en las exposiciones de los museos.

5   Muchas vasijas pueblo están decoradas con símbolos significativos. Entre sus diseños más comunes se encuentran las nubes, la lluvia y otros símbolos acuáticos. Representan el obsequio más agradable de la naturaleza en la tierra sedienta y seca del suroeste americano.

6   Cada comunidad pueblo desarrolló su estilo particular. Muchas técnicas y diseños se han transmitido hasta la actualidad. En un caso, un arqueólogo descubrió vasijas de un material negro e interesante que ya no se hace. Le pidió a una de las mejores alfareras de la comunidad pueblo del siglo XX si podía recrear la técnica. Después de muchos experimentos y arduo trabajo, la alfarera, María Martínez, lo logró. Martínez desarrolló una cerámica negra que es más hermosa que la cerámica ancestral hallada por el arqueólogo. Este tipo de cerámica se ha vuelto especialmente popular hoy en día. Se llama cerámica de Santa Clara, ya que se asocia con la comunidad pueblo Santa Clara.

7   La creación de las vasijas abarca varia etapas, desde excavar la arcilla, prepararla para la construcción, darle forma y decorar la vasija. Estos trabajos no solía hacerlos sólo un artista, sino los miembros de una familia. Los jóvenes aprendían al ayudar y observar.

8   La cerámica ya no es tan útil en la vida de la comunidad pueblo como en el pasado. Reunir arcilla y hacer vasijas es todavía una actividad familiar para algunos alfareros, pero otros prefieren trabajar solos. La mayoría de ellos venden sus productos a los turistas y coleccionistas. El ancestral arte ha cambiado para adaptarse a las necesidades actuales, pero sigue vivo.

Resumir la idea principal y detalles de apoyo

Los párrafos 4, 5 y 8 contienen una idea principal.
Vuelve a leer los párrafos y completa las tablas de abajo.

Idea principal al comienzo

> Párrafo # ____
> Oración:

Idea principal en el medio

> Párrafo # ____
>
> Oración:

Idea principal al final

> Párrafo # ____
>
> Oración:

La idea principal del párrafo 7 no está especificada en el párrafo.
¡Mira si puedes descubrirla!

Oración:	**Idea principal**
Oración:	
Oración:	

Analizar el patrón organizacional de un texto

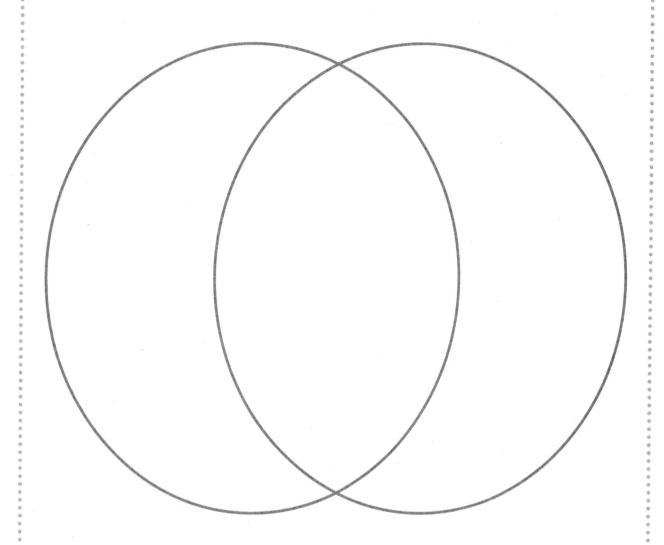

Preguntas dependientes del texto

1 ¿Cómo obtuvieron su nombre los indígenas Pueblo?

_____

_____

_____

_____

_____

Evidencia textual:

_____

_____

_____

_____

2 Según la información del párrafo 4, ¿de qué manera los arqueólogos contribuyeron al conocimiento sobre la cerámica Pueblo?

_____

_____

_____

3 El párrafo 3 describe un tipo de cerámica que usaban los Pueblo cuando las personas se casaban. Según la descripción, ¿para qué crees que se habría usado durante una boda?

_____

_____

_____

4 El párrafo 8 dice: "La cerámica ya no es tan útil en la vida de la comunidad Pueblo como en el pasado". ¿Qué quiere decir el autor? ¿Cómo ha cambiado la cerámica a causa de este hecho?

_____

_____

_____

Preguntas de práctica

STAAR PREP

1 ¿Cuál de los siguientes es el mejor resumen de "Los indígenas Pueblo de Nuevo México"?

A Los indígenas Pueblo eran cazadores y recolectores. Cuando se convirtieron en agricultores, comenzaron a hacer cerámica. Cada comunidad Pueblo desarrolló sus propios diseños.

B Los indígenas Pueblo hacían cerámica para el uso cotidiano y también para ocasiones especiales. Hoy en día, los artistas tratan de recrear las técnicas usadas por los indígenas Pueblo en la antigüedad.

C Los indígenas pueblo valoran mucho a su familia y comunidad. Una de las maneras en que lo demuestran es mediante la cerámica.

D Los indígenas Pueblo han vivido en el suroeste de los Estados Unidos desde antes de la llegada los exploradores españoles. Han hecho cerámica desde que se convirtieron en agricultores. La tradición continúa hasta el día de hoy. Pero actualmente se hace cerámica más por su belleza que por su utilidad.

2 Imagina que los indígenas Pueblo del pasado vivieron en el norte de Canadá en vez de en el suroeste americano. A partir del párrafo 5, el lector puede inferir que habrían decorado sus vasijas con símbolos de

F hielo.

G fuego.

H nieve.

J viento.

3 En el párrafo 6, ¿por qué el autor incluyó la historia sobre María Martínez?

A para probar que muchos de los mejores ceramistas eran mujeres

B para mostrar cómo se redescubrió una técnica ceramista ancestral

C para explicar que los arqueólogos y artistas a veces trabajan juntos

D para dar un ejemplo de un diseño de cerámica que sobrevivió los tiempos modernos

Los primeros exploradores

¡Destaca información importante!

1   En 1517, exploradores españoles llegaron a la costa de México y vieron personas que llevaban joyas de oro y piedras preciosas. Los gobernantes de España querían oro, por lo que enviaron al conquistador Hernán Cortés a México para encontrarlo.

2   En febrero de 1519, Cortés zarpó con 600 hombres y quince caballos en once naves. Desembarcaron en el territorio continental de México. Cortés y sus hombres atacaron a los indígenas. Los indígenas no tenían ninguna posibilidad con sus lanzas y flechas. Los españoles tenían espadas y armas de fuego.

3   En abril de aquel año, Cortés desembarcó en un lugar que llamó Veracruz. Ahora estaba en la tierra de Moctezuma, el emperador del imperio azteca. El imperio azteca se extendía por la parte central de México. Los aztecas eran guerreros expertos y talentosos constructores. Ellos sabían de matemáticas, astronomía y el estudio de los cielos. Adoraban a un dios del Sol y sacrificaban o mataban a sus enemigos en su honor.

Mis lecturas STAAR • Grado 5 • ©2015 Benchmark Education Company, LL

Notas:

4   En Tenochtitlán, la capital azteca, Moctezuma fue informado de la llegada de los españoles. Envió mensajeros a Veracruz con grandes regalos de oro para Cortés. El emperador azteca esperaba que Cortés tomara el oro y se marchara. Pero esto sólo causó que Cortés estuviera más decidido aún a llegar a Tenochtitlán.

5   Cortés inició una larga marcha hacia la capital. Los españoles pasaron por áreas donde vivían diferentes tribus. Muchos se convirtieron en aliados o amigos de Cortés. Los aztecas tenían muchos enemigos porque eran gobernantes crueles. Cuando Cortés llegó a la capital, estaba asombrado. La ciudad había sido construida en una isla en medio de un gran lago. Tenía templos, palacios y enormes pirámides. Tenochtitlán era el hogar de más de 200,000 personas.

6   Cortés metió en la cárcel a Moctezuma y tomó el control de la ciudad. Fundió el oro y la plata del gobernante, convirtiéndolos en barras para llevarlas de vuelta a España. Al final, los aztecas se rebelaron y expulsaron a los españoles. Moctezuma murió en la rebelión. Decidido a no darse por vencido, Cortés regresó un año más tarde con más tropas, tanto de españoles como indígenas. La lucha fue feroz, pero los españoles y sus aliados ganaron. El imperio azteca había terminado. A partir de ahí, la propagación española continuó por América Central.

Los primeros exploradores

1   En 1517, cuando los exploradores españoles llegaron por primera vez a la costa de México, encontraron personas que llevaban joyas de oro y piedras preciosas. Deseosos de obtener oro y riquezas, los gobernadores españoles enviaron al conquistador Hernán Cortés de vuelta a México.

2   En febrero de 1519, Cortés zarpó en once naves con 600 hombres y quince caballos. Desembarcaron en el territorio continental de México y atacaron a los indígenas indígenas. Al sólo tener lanzas y flechas, los indígenas no tenían ninguna posibilidad contra las espadas y armas de fuego de los españoles.

3   En abril de aquel año, Cortés desembarcó en un lugar que llamó Veracruz. Ahora se hallaba en la tierra del imperio azteca, que se extendía por el área central de México. Moctezuma era el emperador de ese poderoso imperio. Los aztecas no sólo eran guerreros expertos y talentosos constructores, también sabían de matemáticas y astronomía. Los aztecas adoraban a un dios del Sol. Para honrar a ese dios, los aztecas sacrificaban, o asesinaban, a sus enemigos.

MIS LECTURAS STAAR • Grado 5 •©2015 BENCHMARK EDUCATION COMPANY, LL

Notas:

4   En Tenochtitlán, la capital azteca, Moctezuma fue informado sobre la llegada de los españoles. Envió mensajeros a Veracruz con grandes regalos de oro para Cortés. El emperador azteca esperaba que Cortés tomara el oro y se marchara. Sin embargo, esto sólo causó que Cortés estuviera más decidido aún para llegar a Tenochtitlán.

5   Cortés inició una larga marcha hacia la capital. A medida que los españoles pasaban por áreas donde vivían diferentes tribus, se iban haciendo amigos de los indígenas. Los aztecas eran gobernantes crueles, por lo tanto, tenían muchos enemigos. Cuando Cortés finalmente llegó a la capital, estaba asombrado. La ciudad había sido construida en una isla en medio de un gran lago. Tenía templos, palacios y enormes pirámides. Una ciudad próspera, Tenochtitlán era el hogar de más de 200,000 personas.

6   Cortés metió en la cárcel a Moctezuma y tomó el control de la ciudad. Fundió el oro y la plata y los convirtió en barras para llevarlas de vuelta a España. A la larga, los aztecas se rebelaron y expulsaron a los españoles. Moctezuma murió en la rebelión. Decidido a no darse por vencido, Cortés regresó un año más tarde con más tropas, tanto de españoles como indígenas. La lucha fue feroz, pero los españoles y sus aliados salieron victoriosos. El imperio azteca había sido derrotado y los españoles expandieron su gobierno por toda América Central.

Preguntas dependientes del texto

1 Explica por qué los soldados españoles lograron conquistar México.

_____

_____

_____

Evidencia textual:

_____

_____

_____

2 En el párrafo 3, el autor declara que los aztecas eran "guerreros expertos". ¿Qué detalles en el artículo apoyan esta idea?

_____

_____

_____

_____

Evidencia textual:

_____

_____

_____

3 ¿Cuáles fueron las consecuencias de que los aztecas fueran gobernantes crueles?

_____

_____

Evidencia textual:

_____

_____

_____

Preguntas de práctica

1 Al organizar el artículo cronológicamente, el autor es capaz de

   A describir los logros de los aztecas.

   B comparar la cultura azteca y española.

   C explicar por qué los españoles invadieron México.

   D narrar por qué Cortés derrotó al imperio azteca.

---

2 En el párrafo 3, el autor ayuda al lector a entender la palabra "sacrificaban" al

   F replantear la idea con una palabra similar.

   G proporcionar la definición del diccionario de la palabra.

   H proporcionar claves del contexto en la oración siguiente.

   J usar una idea de contraste más arriba en el párrafo.

---

3 Según la información del párrafo 5, el lector puede inferir que los aztecas construyeron Tenochtitlán en una isla porque

   A querían tener una fuente de agua dulce.

   B temían los ataques de los españoles.

   C necesitaban protegerse de las otras tribus.

   D esperaban obtener la gracia del dios sol.

Escritura

En "Los indígenas Pueblo de Nuevo México", el autor señala que los indígenas pueblo no fabricaban cerámica cuando vivían como cazadores o recolectores. ¿Por qué no? Usa detalles del párrafo 2 y 7, más tu conocimiento de contexto y experiencia para escribir tu respuesta.

Usa la tabla planificadora para organizar tus ideas, y luego escríbelas en las líneas de abajo.

Detalles del párrafo 2	Detalles del párrafo 7
Lo que puedo inferir de esos detalles:	**Lo que puedo inferir de esos detalles:**

_____

_____

_____

_____

_____

_____

_____

_____

Leer entre textos

1 ¿En qué se parecen la cerámica de los indígenas Pueblo y las fotografías de Gordon Parks?

A Ambas están influenciadas por el trabajo de otros artistas.

B Ambas se han usado para otros propósitos además del arte.

C Ambas se crearon usando métodos tradicionales.

D Ambas se usan para inspirar un cambio social.

---

2 ¿Qué tienen en común "El príncipe y el mendigo" y "La nave de los sueños"?

F Ambas usan palabras anticuadas.

G Ambas usan el punto de vista de la tercera persona.

H Ambas tienen elementos que no son reales.

J Ambas contienen el tema de que todos somos iguales.

---

3 ¿De qué manera el tema de la igualdad en "Gordon Parks y su cámara" es diferente del tema de la igualdad en "La nave de los sueños"?

_____

_____

_____

_____

Evidencia textual:

_____

_____

_____

_____

Enfoque en el género

MITOS

¿Qué es un mito?

_____

_____

_____

_____

¿Qué propósito tienen los mitos?

_____

_____

_____

_____

¿Cómo se lee un mito?

_____

_____

_____

_____

¿Quién inventó los mitos?

_____

_____

_____

_____

_____

Mis lecturas STAAR • Grado 5 • ©2015 Benchmark Education Company, LI

CARACTERÍSTICAS

DE UN

MITO

Los mitos tienen personajes humanos, o con características humanas y con sentimientos humanos.

A menudo, los mitos tratan sobre sucesos que ocurrieron antes del principio de la historia documentada.

A menudo los mitos explican los orígenes del mundo y de sus criaturas.

Los mitos incluyen dioses, diosas y héroes con poderes sobrenaturales.

Con frecuencia, los personajes ejecutan obras heroicas y tienen aventuras.

A menudo, los mitos explican la visión del mundo de un pueblo o de una cultura y pueden contener elementos religiosos.

¡Recuerda anotar tus ideas al leer el texto!

Hafiz, el cantero

1   Había una vez un cantero que se llamaba Hafiz y todo el día picaba, picaba y picaba su bloque. A menudo se cansaba de su trabajo y se preguntaba impacientemente: —¿Por qué no siento el placer ni el entretenimiento que sienten otros?

2   Un día, cuando el Sol calentaba mucho y cuando se sentía especialmente cansado, escuchó el sonido de muchos pies y miró hacia arriba, desde su trabajo, y vio que una gran procesión se acercaba hacia él. Era el Rey, montado en un caballo de guerra, con todos sus soldados a la derecha vestidos en armaduras brillantes, y con sus sirvientes a la izquierda, vestidos en ropas hermosas, listos para cumplir con sus mandados.

Notas:

3   Hafiz dijo: —¡Qué espléndido es ser un rey! Si sólo pudiera ser rey, sólo por diez minutos, ¡para ver cómo se siente! Y entonces, cuando terminó de hablar, parecía estar soñando y en su sueño cantaba esta canción:

4   *"¡Ay, yo! ¡Ay, yo! ¡Si Hafiz pudiera ser rey!"*

5   Y luego una voz en el aire que lo rodeaba parecía contestarle y decirle: ¡Entonces, sé el rey!

6   Y Hafiz se convirtió en rey y era él quien estaba sentado en ese espléndido caballo de guerra y eran sus soldados los que estaban a su derecha y sus sirvientes los que estaban a su izquierda y hacían lo que ordenaba. Y Hafiz dijo: —Soy el rey. Y en el planeta no hay nadie más fuerte que yo.

7   Pero pronto, a pesar del toldo dorado que estaba sobre su cabeza, Hafiz comenzó a sentir el terrible calor de los rayos del Sol y pronto se dio cuenta de que los soldados y los sirvientes estaban cansados y que su caballo languidecía, y que él, Hafiz, también estaba cansado y dijo, con enojo: ¡Qué! ¿Hay algo más fuerte en este planeta que un rey? Y casi sin saberlo, cantó esta canción de nuevo, más audaz que la primera vez:

8   *"¡Ay, yo! ¡Ay, yo! ¡Si Hafiz pudiera ser el Sol!"*

9   Y la voz respondió: —Entonces, sé el Sol.

Notas:

10   Y Hafiz se convirtió en el Sol. Brilló sobre la Tierra, pero ya que no sabía cómo brillar sabiamente, brilló ferozmente, de manera que los cultivos se secaron, las personas se enfermaron y murieron.

11   Y entonces surgió desde el este una pequeña nube que pasó entre Hafiz y la Tierra, para que no pudiera brillar más sobre ella y él dijo: —¿Hay algo más fuerte en este planeta que el Sol?

12   "¡Ay, yo! ¡Ay, yo! ¡Si Hafiz pudiera ser una nube!"

13   Entonces, sé la nube.

14   Y Hafiz se convirtió en la nube y llovió agua sobre la Tierra, pero ya que no sabía como hacerlo sabiamente, cayó tanta lluvia, que los pequeños riachuelos se convirtieron en grandes ríos y todos los grandes ríos se desbordaron de sus bancas y arrastraron todo ante ellos con un torrente veloz. Arrastraron todo, excepto una gran roca que permaneció inmóvil. Y Hafiz dijo: —¿Hay algo más fuerte en este planeta que una nube?

15   *"¡Ay, yo! ¡Ay, yo! ¡Si Hafiz pudiera ser una roca!"*

16   Y la voz dijo: —Entonces, sé la roca.

17   Y Hafiz se convirtió en la roca. La nube desapareció y las aguas bajaron. Y Hafiz, la roca, vio que venía hacia él un hombre, pero no podía ver su cara. A medida que el hombre se le acercaba, Hafiz vio un martillo, que luego lo golpeó y lo sintió a través de todo el cuerpo. Y Hafiz dijo: —¿Hay algo más fuerte en este planeta que una roca?

18   *"¡Ay, yo! ¡Ay, yo! ¡Si Hafiz pudiera ser un hombre!"*

19   Y la voz dijo: —Entonces sé tú mismo.

20   Y Hafiz miró el martillo y dijo: —El Sol era más fuerte que la nube, la nube era más fuerte que el Sol, la roca era más fuerte que la nube, pero yo soy más fuerte que todos.

Notas:

Mitos

Describir los incidentes que mueven el cuento

Explicar conflictos

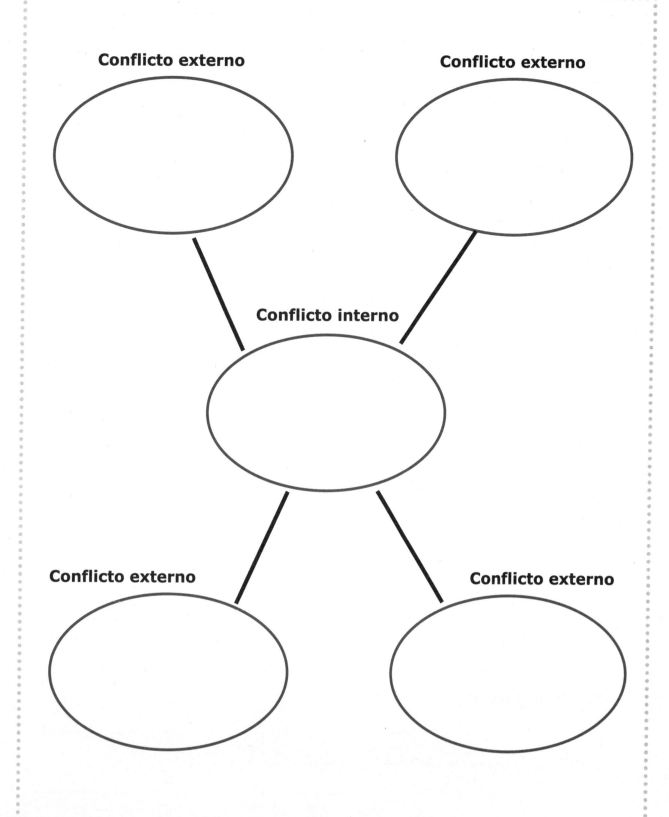

Conflicto externo

Conflicto externo

Conflicto interno

Conflicto externo

Conflicto externo

Mitos

Preguntas dependientes del texto

1 El autor apela a los sentidos del lector para ayudarlo a entender el cuento. Describe dos ejemplos de "Hafiz, el cantero" en que el autor ayuda al lector a entender cómo Hafiz se siente físicamente.

_____

_____

_____

_____

Evidencia textual:

_____

_____

2 ¿Cómo se puede describir mejor la trama, o secuencia de sucesos del cuento: como un triángulo o como un círculo? Explica tu respuesta.

_____

_____

_____

Evidencia textual:

_____

_____

3 ¿De qué manera los resultados de los tres primeros deseos de Hafiz presagian, o dan pistas, del resultado de su deseo de convertirse en una roca?

_____

_____

_____

Evidencia textual:

_____

_____

_____

☑ STAAR PREP

Preguntas de práctica

1 ¿Cuál de las siguientes declaraciones describe mejor el conflicto principal en "Hafiz, el cantero"?

A Hafiz desea ser el Sol, pero cuando se le concede su deseo, destruye los cultivos.

B Hafiz no está agradecido por lo que tiene y es castigado al ser convertido en una roca.

C Hafiz no está contento con su vida, pero cuando trata de cambiarla, crea problemas mayores.

D Hafiz desea ser el rey, pero cuando se convierte en el rey, se da cuenta de que no es el más fuerte del mundo.

---

2 ¿Cuál es el tema del cuento?

F Ninguna vida es perfecta.

G El trabajo duro es su propia recompensa.

H Las personas pueden ser su propio peor enemigo.

J La mayor fortaleza está en ser uno mismo.

---

3 Lee esta oración del cuento.

> Y Hafiz, la roca, vio que venía hacia él un hombre, pero no podía ver su cara.

¿Qué puede inferir el lector a partir de esta oración?

A El hombre era el mismo Hafiz.

B El hombre quería ocultar su identidad.

C Hafiz, la roca, no tenía ojos para poder ver.

D Hafiz estaba demasiado asustado como para mirar al hombre.

Mitos

Escritura

En "Hafiz, el cantero", el único otro personaje con el que interactúa Hafiz es con "la voz". ¿Ayuda la voz a resolver el conflicto principal de Hafiz o sólo crea más problemas para él?

Usa la tabla planificadora para organizar tus ideas, y luego escríbelas en las líneas de abajo.

Describe el conflicto principal:

Cuando Hafiz desea . . .	. . . la voz responde al . . .	. . . y esto hace que el problema . . .
	concederle el deseo / negarle el deseo	mejore / empeore
	concederle el deseo / negarle el deseo	mejore / empeore
	concederle el deseo / negarle el deseo	mejore / empeore
	concederle el deseo / negarle el deseo	mejore / empeore
	concederle el deseo / negarle el deseo	mejore / empeore

Al final, ¿ayuda la voz a resolver el conflicto principal de Hafiz o sólo crea más problemas para él?

_____

_____

_____

_____

_____

Mis lecturas STAAR • Grado 5 • ©2015 Benchmark Education Company, LI

Hacer inferencias

Usa el par de pistas para completar cada inferencia.

1.

PISTA:	**PISTA:**
Hafiz vio al rey en su caballo con todos sus soldados y sirvientes.	Hafiz dijo: "—¡Qué espléndido es ser un rey!"

INFERENCIA: Probablemente, Hafiz se estaba sintiendo

_____

_____

2.

PISTA:	**PISTA:**
¡Qué! ¿Hay algo más fuerte en este planeta que un rey?	Y casi sin saberlo, cantó esta canción de nuevo, más audaz que la primera vez.

INFERENCIA: Aunque el deseo de Hafiz se había cumplido, él

_____

_____

3.

PISTA:	**PISTA:**
Y la voz dijo: "—Entonces sé tú mismo".	...la roca era más fuerte que la nube, pero yo soy más fuerte que todos.

INFERENCIA: Hafiz finalmente se da cuenta de que

_____

_____

Enfoque en el género

Cartas persuasivas

¿Qué es una carta persuasiva?

Una carta persuasiva es una carta que trata de convencer a los lectores a creer o hacer algo. Una carta persuasiva tiene un fuerte punto de vista acerca de una idea o un problema. Incluye hechos y ejemplos para apoyar una opinión, y por lo general, sugiere una solución.

¿Cuál es el propósito de una carta persuasiva?

Las personas escriben cartas persuasivas para "persuadir", o cambiar el pensar de sus lectores. Quieren que los lectores vean sus puntos de vista. Es posible que también quieran que los lectores actúen.

¿Cuál es el público de una carta persuasiva?

Las personas escriben cartas persuasivas a todo tipo de personas: padres, amigos, ciudadanos, líderes en el ámbito de los negocios o líderes mundiales, entre otros. Escriben cartas para que las personas comprendan sus puntos de vista. Por ejemplo, alguien puede escribirle a un líder sobre una ley con la cual no están de acuerdo. El escritor quizás desea que el líder cambie esa ley.

¿Cómo se lee una carta persuasiva?

Considera que los escritores desean que tú apoyes su postura. Pregúntate: ¿Cuál es la postura u opinión de este escritor? ¿El escritor la respalda con hechos y buenos fundamentos? ¿Concuerdo con esta postura? Un buen escritor conoce a su audiencia. Sabe cuáles son los hechos y las razones que podrían cambiar el pensar del lector.

Mis lecturas STAAR • Grado 5 • ©2015 Benchmark Education Company, LL

La carta usa palabras eficaces para cambiar el pensar del lector.

La carta mantiene firme su postura o punto de vista.

La carta usa hechos y evidencia para fundamentar su caso.

Características de una
Carta persuasiva

La carta tiene una audiencia específica en mente.

La carta sugiere soluciones o acciones.

Mis lecturas STAAR • Grado 5 • ©2015 Benchmark Education Company, LLC

¡Destaca
información
importante!
→

¡No tengas una mascota!

1   Los gatos, los perros y otras mascotas pueden ser lindos y muy entretenidos. Pueden darle compañía a las personas solitarias y un sentido de amistad. Sin embargo, muchas personas en nuestro país han exagerado con respecto las mascotas. Es hora de gastar nuestro dinero, energía y tiempo en cosas importantes.

2   Las personas que viven necesitar una mascota para compañía, pero ¿las parejas y las familias también necesitan mascotas? Después de todo, las mascotas y especialmente los perros nos quitan mucho tiempo. A veces, los padres deben quitarles tiempo a sus hijos o a las responsabilidades del hogar, ya que la mascota necesita salir a caminar, tiene que ir al veterinario o hay que darle otros cuidados. En algunas familias, el tiempo que se pasa sacando a pasear el perro varias veces al día, podría usarse ayudando a los niños con sus tareas o hablando con ellos. ¡Las mascotas nos quitan el tiempo libre!

3   Algunas mascotas, como los perros, cuestan más que otras, por ejemplo, un gerbil. Pero todas las mascotas cuestan mucho dinero. Está el costo de la alimentación. La mayoría de las mascotas necesitan una jaula, un tanque, una reja o una cama. También deben visitar al veterinario de vez en cuando, lo que puede ser muy caro. Muchas familias también compran juguetes y premios para las mascotas y algunos incluso les compran ropa. Algunos dueños de mascota pagan mucho por la peluquería de la mascota, para alojarlas cuando ellos no están o para ponerlas en una guardería o

Notas:

grupos de juego. Este dinero podría gastarse en deseos o necesidades más importantes o podría destinarse a la caridad. ¿Realmente queremos gastar una pequeña fortuna en animales, cuando hay tantas personas que necesitan ayuda?

4   Las mascotas, especialmente los perros, consumen nuestra energía. Los perros necesitan mucho ejercicio. Tienen que salir en caminatas largas y a correr, lo que puede cansar a los dueños. Las mascotas, especialmente los perros, también pueden dañar o llevar suciedad o insectos a casa, lo que puede tomar mucho tiempo para limpiar, lavar o reparar. Por ejemplo, pueden ensuciar los suelos, las alfombras y mordisquear cosas, desde zapatos a muebles. Algunos se comen la comida de los mesones, voltean las latas de basura y hacen agujeros en el jardín. No olvides que las mascotas también pueden contagiarnos con garrapatas y pulgas, que pueden causar enfermedades.

5   Por último, tu mascota puede convertir a tus amigos y vecinos en enemigos. A algunas personas no les gustan o son alérgicos a los animales. Ellos dejarán de visitar tu casa. A otros no les gusta que las mascotas estén sueltas y que dañen algo en su jardín o causen un caos. ¡Si hay algo que nuestro país no necesita más, son mascotas!

Cartas persuasivas

Identificar el punto de vista, razones y evidencia del autor

Punto de vista del autor

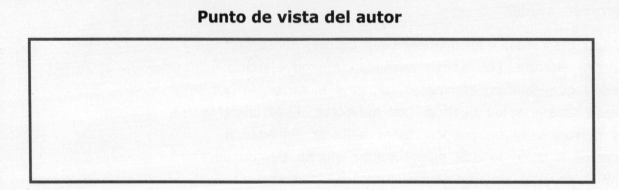

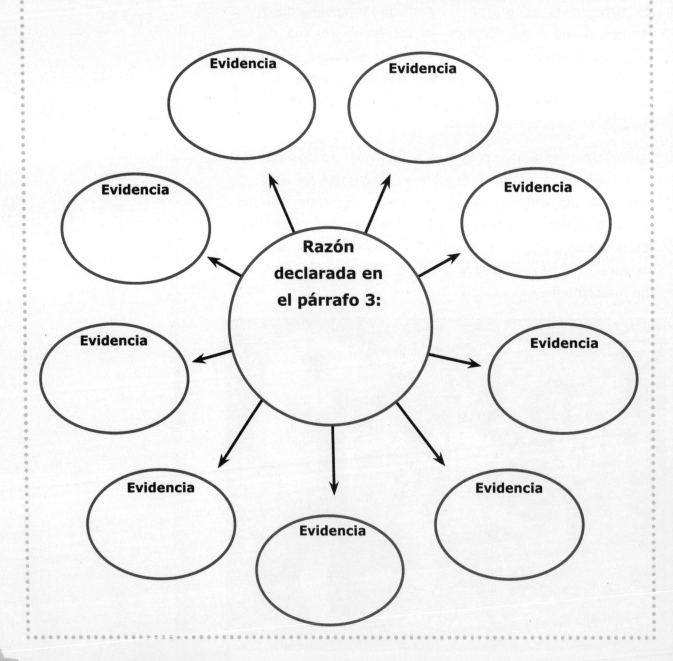

Reconocer declaraciones exageradas o engañosas

	¿Es una declaración verdadera o es una exageración o una declaración engañosa?	¿Puedo pensar en un contraargumento para esto?
"Por último, tu mascota puede convertir a tus amigos y vecinos en enemigos".		
"A algunas personas no les gustan o son alérgicos a los animales".		
"Ellos dejarán de visitar tu casa".		
"A otros no les gusta que las mascotas estén sueltas y que dañen algo en su jardín o causen un caos".		

Preguntas dependientes del texto

1 Las dos primeras oraciones del artículo van en contra del argumento del autor. ¿Por qué las incluyó?

_____

_____

_____

_____

2 ¿Tiene el autor una buena opinión de las personas que tienen mascotas? Da ejemplos que muestren el punto de vista del autor sobre los dueños de las mascotas.

_____

_____

_____

_____

Evidencia textual:

_____

_____

3 ¿Cómo usa el autor la destreza causa y efecto para organizar el párrafo 4?

_____

_____

Evidencia textual:

_____

_____

_____

_____

_____

Preguntas de práctica

1 Lee la oración de "¡No tengas una mascota!".

> Las personas que viven solas pueden necesitar una mascota para compañía, pero ¿las parejas y las familias también necesitan mascotas?

¿Cuál es el punto de vista del autor en esta oración?

A Las mascotas son la mejor manera de prevenir la soledad.

B Las parejas y las familias no tienen tiempo para las mascotas.

C Sólo las personas que viven solas pueden costear una mascota.

D Las parejas y las familias se acompañan entre sí.

---

2 En el párrafo 1, ¿cuáles dos oraciones presentan hechos?

F oraciones 1 y 2

G oraciones 2 y 3

H oraciones 1 y 3

J oraciones 3 y 4

---

3 ¿Qué espera lograr el autor al escribir "¡No tengas una mascota!"?

A Enseñarles a las personas lo bueno y lo malo de tener mascotas.

B Asegurarse de que sólo las personas responsables tengan mascotas.

C Hacer saber a las personas que tener una mascota es una decisión seria.

D Lograr que las personas dejen de gastar tiempo y dinero en las mascotas.

¡Destaca información importante! →

Alarguen el año escolar

¡antes de que sea demasiado tarde!

1   Para obtener las destrezas necesarias para los trabajos de hoy, los estudiantes de los Estados Unidos deben pasar más tiempo en la escuela. Una forma de hacer esto es alargar el año escolar. Muchos de los estudiantes en los Estados Unidos desperdician sus vacaciones de verano. Mientras tanto, los estudiantes de otros países están trabajando duro. En el siglo XIX, los escolares tenían que trabajar en la granja familiar al llegar el verano. Pero los tiempos y necesidades han cambiado. Hoy hay pocas granjas en el país.

2   Los psicólogos infantiles y médicos sostienen que los niños son más felices, más sanos y tienen mejor comportamiento cuando tienen horarios regulares, como en la escuela. Explican que cada semana que los estudiantes no están en la escuela, se olvidan un poco de lo que han aprendido. Esto se conoce como "pérdida de aprendizaje veraniega". El año pasado, se publicó un análisis, o estudio, de la pérdida de aprendizaje veraniega. Los estudios encontraron que la pérdida de aprendizaje durante el verano equivale a por lo menos un mes de instrucción. Los estudiantes de otros países no parecen sufrir con vacaciones más cortas. Los estudiantes japoneses asisten a la escuela 243 días al año. En comparación, los estudiantes estadounidenses están en la escuela sólo durante 180 días al año. No es raro que Japón ocupe el tercer lugar en alfabetización científica.

3   La situación tendrá un efecto grave en el futuro. En el siglo XXI, la mayoría de las ocupaciones, o trabajos, estarán en los campos computacionales, matemáticos, técnicos y de salud. Para realizar estos trabajos, los estudiantes deben tener habilidades sólidas en matemáticas, ciencias y alfabetización. Si los estudiantes estadounidenses quieren esos trabajos, tendrán que cumplir con estándares exigentes.

4   Hay una solución. Los estudiantes deben estar más tiempo en la escuela. Algunas escuelas ya han alargado el día escolar. Otras han agregado días a su calendario escolar y han acortado las vacaciones de verano. Los estudios demuestran que la cantidad de tiempo que se pasa en el aula se correlaciona, o conecta directamente, con puntuaciones de rendimiento más altas. Un informe encontró que los resultados de las pruebas de lectura subieron un 19,3 por ciento cuando los estudiantes estuvieron en la escuela todo el año.

5   Hoy en día, los estudiantes no sólo están compitiendo con otros estudiantes de los Estados Unidos por oportunidades laborales, o trabajos. Están compitiendo con estudiantes de todo el mundo. Y los estudiantes de otros países están ganando. Los padres y maestros les deben a sus niños la oportunidad de tener éxito en la competitiva economía del siglo XXI. Agreguen más días al año escolar. A la larga, sus hijos se lo agradecerán más que nadie.

Notas:

¡Recuerda escribir anotaciones!

Alarguen el año escolar

¡antes de que sea demasiado tarde!

1   Para obtener las destrezas necesarias para los trabajos del mañana, los estudiantes de los Estados Unidos deben pasar más tiempo en la escuela. Una forma de hacer esto es alargar el año escolar. Muchos de los estudiantes en los Estados Unidos toman vacaciones todo el verano. Mientras tanto, los estudiantes de otros países están trabajando duro. En el siglo XIX, los escolares tenían que trabajar en la granja familiar al llegar el verano. Ya que los tiempos han cambiado, el año escolar debería ser más largo.

2   Los psicólogos infantiles y médicos sostienen que los niños son más felices, más sanos y tienen mejor comportamiento cuando tienen horarios regulares, como durante el año escolar. Además, cada semana que los estudiantes no están en la escuela, se olvidan un poco de lo que han aprendido. Esto se conoce como "pérdida de aprendizaje veraniega". El año pasado, los estudios encontraron que la pérdida de aprendizaje durante el verano equivale a por lo menos un mes de instrucción. Los estudiantes de otros países no parecen sufrir de pérdida de aprendizaje veraniega. En Japón los niños asisten a la escuela 243 días al año. En comparación, los estudiantes estadounidenses están en la escuela ¡sólo durante 180 días al año! No es raro que Japón ocupe el tercer lugar en alfabetización científica.

Notas:

3   Muchos expertos advierten que un año escolar más corto tendrá consecuencias devastadoras para los estudiantes estadounidenses. En el siglo XXI, la mayoría de las ocupaciones estarán en los campos computacionales, matemáticos, técnicos y de salud. Para realizar estos trabajos, los estudiantes deben tener habilidades sólidas en matemáticas, ciencias y alfabetización. Si los estudiantes estadounidenses quieren competir contra los estudiantes de otros países, tendrán que cumplir con estándares exigentes.

4   La solución es que los estudiantes deberían estar en la escuela más días cada año. Algunas escuelas ya han alargado el año escolar. Otras han agregado días a su calendario escolar y han acortado las vacaciones de verano. Los estudios demuestran que la cantidad de tiempo que se pasa en el aula se correlaciona con puntuaciones de rendimiento más altas. Un informe encontró que los resultados de las pruebas de lectura subieron un 19,3 por ciento cuando los estudiantes estuvieron en la escuela todo el año.

5   Hoy en día, los estudiantes no sólo están compitiendo con otros estudiantes de los Estados Unidos por trabajos. Están compitiendo con estudiantes de todo el mundo. Y hoy en día, los estudiantes de otros países están ganando. Los padres y maestros les deben a sus niños la oportunidad de tener éxito en la competitiva economía del siglo XXI. La respuesta es agregar más días al año escolar. A la larga, sus hijos se lo agradecerán.

Preguntas dependientes del texto

1 ¿Cuál es el argumento del autor? ¿Qué compara y contrasta el autor en el párrafo 1 para respaldar su argumento?

_____

_____

_____

_____

_____

_____

Evidencia textual:

_____

_____

_____

_____

_____

2 ¿Cuál declaración en el párrafo 3 es una opinión? Explica cómo lo sabes.

_____

_____

_____

_____

3 ¿A quién se refiere la palabra "ellos" de la última oración del texto de transición? ¿Qué sugiere el término "a la larga"?

_____

_____

_____

Evidencia textual:

_____

_____

Preguntas de práctica

1 Según la información del artículo, ¿con cuál de las siguientes declaraciones estaría de acuerdo el autor?

A Los niños en otros países son más inteligentes que los niños en los Estados Unidos.

B Los niños en los Estados Unidos están quedándose atrás con respecto a los niños de otros países.

C Los niños de todo el mundo están sufriendo ya que el año escolar es muy corto.

D Los niños de Japón irán a los Estados Unidos cuando sean adultos y obtendrán los mejores trabajos.

---

2 El autor organiza la información en el artículo principalmente al

F describir una variedad de soluciones para resolver el problema.

G anotar los contraargumentos y argumentar sobre cada uno.

H mostrar la historia del problema y ofrecer soluciones.

J declarar qué acción debe tomarse y explicar por qué.

---

3 ¿Cuál de estas fuentes usa el autor para respaldar su argumento?

A Entrevistas y citas

B Opinión experta y estadísticas

C Experiencia personal y opiniones

D Documentales y noticieros

Escritura

En "¡No tengas una mascota!", una de las razones que da el autor sobre por qué las personas no deberían tener mascotas es que las mascotas cuestan mucho dinero. Escribe un contraargumento.

Usa la tabla planificadora para organizar tus ideas, y luego escríbelas en las líneas de abajo.

Argumento	Contraargumento
Las mascotas cuestan demasiado dinero.	

_____

_____

_____

_____

_____

Identificar la idea principal y los detalles de apoyo

Vuelve a leer "¡No tengas una mascota!" y halla detalles que apoyen cada idea principal.

Idea principal: Las mascotas cuestan mucho dinero.

Detalles de apoyo:

1 _____

_____

2 _____

_____

3 _____

_____

4 _____

_____

Idea principal: Las mascotas también les cuestan a los dueños tiempo y energía.

Detalles de apoyo:

1 _____

_____

2 _____

_____

3 _____

_____

Ficción realista

¿Qué es la ficción realista?

_____

_____

_____

_____

_____

_____

¿Cuál es el propósito de la ficción realista?

_____

_____

_____

_____

_____

¿Cómo se lee la ficción realista?

_____

_____

_____

_____

_____

Mis lecturas STAAR • Grado 5 • ©2015 Benchmark Education Company, L

Los personajes son como las personas que podrías conocer en la vida real.

El cuento se cuenta desde el punto de vista de la primera o la tercera persona.

Características de la

Ficción realista

Al menos uno de los personajes tiene un conflicto (consigo mismo, con otros o la naturaleza).

El cuento tiene lugar en un ambiente auténtico.

Ficción realista

¡Recuerda anotar tus ideas al leer el texto!

del cuento

Una princesita

por Frances Hodgson Burnett

1   —Bien papá —dijo suavemente—. Si estamos aquí, supongo que tenemos que resignarnos.

2   Él se rió del discurso anticuado y la besó. No estaba del todo resignado, aunque sabía que debía mantener eso en secreto. Su pintoresca Sara había sido una excelente compañera para él, y sabía que sería un hombre solitario cuando, de regreso a la India, llegara a su bungaló sabiendo que no debía esperar ver la pequeña figura en su vestidito blanco que iba a recibirlo. Así que la abrazó muy fuerte mientras el taxi llegaba a la cuadra grande y opaca en donde estaba la casa que era su destino.

3   Era una casa de ladrillo grande y opaca, exactamente como todas las otras de la cuadra, pero en la puerta principal lucía una placa de latón en que estaba grabado con letras negras:

SEÑORITA MINCHIN,
Seminario Selecto para Señoritas.

Notas:

4   —Aquí estamos, Sara —dijo el Capitán Crewe, haciendo que su voz sonara tan alegre como fuera posible. Entonces la tomó en brazos del taxi, subieron las escaleras y tocaron el timbre. Después Sara pensaría a menudo que la casa era exactamente como la Señorita Minchin. Era respetable y tenía buenos muebles, pero todo era feo; y hasta los sofás parecían tener huesos en ellos. En el vestíbulo todo era duro y pulido, incluso las mejillas rojas de la cara del reloj de piso en el rincón tenían un aspecto extremadamente barnizado. La sala para dibujar hacia donde eran escoltados estaba cubierta por una alfombra que tenía un patrón a cuadros, las sillas eran cuadradas, y un reloj de mármol se erguía sobre la repisa de mármol de la chimenea.

5   Mientras se sentaban en una de las sillas rígidas de caoba, Sara lanzó una de sus frases célebres.

6   —No me gusta, papá —dijo—. Y me atrevo a decir que a los soldados, incluso a los más valientes, no les GUSTA ir a la guerra.

7   El Capitán Crewe se rió con ganas. Él era joven y lleno de vida, y nunca se cansaba de escuchar los discursitos de Sara.

Notas:

8   —Oh, pequeña Sara —dijo—. ¿Qué haré cuando no tenga quién me diga esas cosas solemnes? Nadie es tan solemne como tú.

9   —¿Pero, por qué te hacen reír tanto las cosas solemnes? —preguntó Sara.

10   —Porque eres tan divertida cuando me las dices —respondió, riéndose todavía más. Y entonces la tomó en sus brazos y la besó con ganas, deteniéndose de improviso y luciendo casi como si las lágrimas se le fueran a escapar de los ojos.

11   Y fue en ese momento cuando la Señorita Minchin entró a la sala. Ella era tal como su morada, sintió Sara: alta y opaca, respetable y fea. Tenía los ojos grandes y fríos, como de pescado, y una sonrisa grande y fría, como de pescado también. Esta se convirtió en una sonrisa amplia cuando vio a Sara y al Capitán Crewe. Había oído muchas cosas interesantes sobre el joven soldado por parte de la señora que le había recomendado a él esa escuela. Entre otras cosas, había escuchado que él era un padre rico que estaba dispuesto a gastar una fortuna de dinero en su hijita.

Notas:

12   —Será un gran privilegio estar a cargo de una niña tan hermosa y prometedora, Capitán Crewe —dijo ella, tomando la mano de Sara y acariciándola—. La Señora Meredith me ha hablado de su inusual inteligencia. Un niño inteligente es un gran tesoro en un lugar como el mío.

13   Sara se mantuvo quieta, con los ojos fijos en el rostro de la Señorita Minchin. Estaba pensando algo extraño, como era de costumbre.

14   —¿Por qué dice que soy una niña hermosa?, pensaba. Yo no soy nada de hermosa. La hijita del Coronel Grange, Isabel, es hermosa. Tiene las mejillas rosadas y con margaritas, además su cabello es del color del oro. Yo tengo el pelo negro, corto y los ojos verdes; y además soy una niña delgada y nada de especial. Soy una de las niñas más feas que he visto jamás. Y está comenzando al contar un cuento...

15   Después de haber conocido más a la Señorita Minchin, ella aprendió por qué lo había dicho. Descubrió que le decía lo mismo a todos los papás y las mamás que llevaban a sus hijos a la escuela.

Ficción realista

Evaluar detalles sensoriales

Señorita Minchin Seminario selecto para señoritas			

Tres detalles sensoriales adicionales

1 Olfato _____

2 Visión _____

3 Gusto _____

Explicar los papeles de los personajes

Capitán Crewe	Srta. Minchin
Personalidad y apariencia	**Personalidad y apariencia**
Actitud hacia Sara	**Actitud hacia Sara**
Honestidad	**Honestidad**

Preguntas dependientes del texto

1 ¿Qué detalles del cuento muestran que Sara es diferente de otras niñas?

_____

_____

_____

_____

Evidencia textual:

_____

_____

_____

2 "Después Sara pensaría a menudo que la casa era exactamente como la Señorita Minchin". ¿De qué manera este lenguaje figurado destaca la personalidad de la Señorita Minchin?

_____

_____

_____

_____

3 ¿Qué puede inferir el lector sobre la Srta. Minchin de los párrafos 13 a 15?

_____

_____

_____

_____

Evidencia textual:

_____

_____

_____

Preguntas de práctica

1 ¿Cuál de los siguientes es el mejor resumen del cuento?

A La Srta. Minchin le da la bienvenida a Sara a su seminario para señoritas, pero a Sara no le cae bien ni confía en ella.

B Al llegar al Seminario de Señoritas de la Srta. Minchin, Sara decide hacerse la valiente para su padre.

C El padre de Sara la lleva al Seminario de Señoritas de la Srta. Minchin. A Sara le desagradan inmediatamente el lugar y la Srta. Minchin.

D Sara y su padre llegan al Seminario de Señoritas de la Srta. Minchin. Su padre lo piensa dos veces antes de dejar a Sara con la Srta. Minchin.

---

2 ¿Por qué la Srta. Minchin le dice al Capitán Crewe que Sara es hermosa y prometedora?

F Ella quiere alegrar al Capitán Crewe.

G Ella quiere obtener dinero del Capitán Crewe.

H Ella quiere que Sara se sienta especial y bienvenida.

J Ella quiere que Sara esté a la altura de sus estándares.

---

3 ¿Qué significa la palabra <u>solemne</u> en esta cuento?

A aburrida

B seria

C chistosa

D desconcertante

Escritura

> —Aquí estamos, Sara —dijo el Capitán Crewe, haciendo que su voz sonara tan alegre como fuera posible.

¿Cómo se siente realmente el Capitán Crewe al llevar a Sara al Seminario Selecto para Señoritas de la Srta. Minchin? Usa pistas de los párrafos 2, 7 a 8 y 10 en tu respuesta.

Usa la tabla planificadora para organizar tus ideas, y luego escríbelas en las líneas de abajo.

Pistas en el párrafo 2	
Pistas en el párrafo 8	
Pistas en el párrafo 10	

_____

_____

_____

_____

_____

_____

_____

Vocabulario

Una analogía es una relación de igualdad entre dos pares de palabras que se pueden relacionar ya que tienen un punto en común. Por ejemplo: *Oxígeno es a aire, como suelo es a Tierra.*

Parte 1: Lee las palabras de la caja con un compañero.

Parte 2: Completen las oraciones de analogías de sinónimos.

poner	anillo	subir	hallar	sombrero	niño
aparentar	hombre	extraer	bajar		

1. _____ es a dedo como _____ es a cabeza.

2. _____ es a mujer como _____ es a niña.

3. _____ es a encontrar como _____ es a fingir.

4. _____ es a sacar como _____ es a colocar.

5. _____ es a descender como _____ es a ascender.

Parte 1: Lee las palabras de la caja con un compañero.

Parte 2: Completen las oraciones de analogías de antónimos.

urbano	tinieblas	cumbre	natural	perdedor
soledad	frágil	tristeza	nocturno	superficie

1. _____ es a alegría como _____ es a compañía.

2. _____ es a abismo como _____ es a hondonada.

3. _____ es a artificial como _____ es a rural.

4. _____ es a diurno como _____ es a claridad.

5. _____ es a resistente como _____ es a triunfador.

Textos de procedimiento

¿Qué es un texto de procedimiento?

Un texto de procedimientos indica cómo hacer algo. Ejemplos incluyen una receta de un libro de cocina, las reglas de un juego de mesa, instrucciones para un viaje o un libro de texto que enseña una nueva destreza matemática. Las personas emplean textos de procedimientos en casa, en el trabajo y en sus pasatiempos. Otros nombres para los textos de procedimientos son escritura técnica, instrucciones o indicaciones.

¿Cuál es el propósito de un texto de procedimiento?

Un texto de procedimientos describe cómo hacer algo de tal manera que otras personas puedan hacerlo fácilmente. El autor explica claramente cuáles son los suministros y equipos a utilizar y los pasos a seguir. Algunos autores comparten consejos que ayudarán a que el proceso se realice más fácilmente. El texto suele incluir una o más fotos, ilustraciones o diagramas que ayudan a los lectores a visualizar, o ver, cómo se llevan a cabo los pasos. También puede incluirse una fotografía del producto terminado.

¿Cuál es la audiencia de un texto de procedimiento?

Personas de todas las edades utilizan textos de procedimientos para aprender nuevas habilidades, realizar experimentos científicos, administrar primeros auxilios, construir, cocinar, hornear alimentos, jugar, crear artesanías, o mejorar sus habilidades en la música o los deportes. Es posible hallar textos de procedimientos en libros, revistas, periódicos, folletos, manuales de instrucciones y en línea.

¿Cómo se lee un texto de procedimiento?

El título te dirá lo que puedes aprender a hacer o confeccionar. A continuación, revisa la lista de suministros y el equipo para ver si tienes todo lo que necesitas. Lee los pasos y estudia las imágenes para asegurarte de que entiendes qué hacer. Luego, ¡comienza! Mientras trabajas, presta atención a cualquier consejo que te dé el autor.

Su título identifica claramente el tema.

El autor puede incluir fotografías, ilustraciones o diagramas para ayudar a explicar el proceso.

La introducción le dice al lector por qué desearía hacer la actividad o proyecto.

Características de un **Texto de procedimiento**

La mayoría de las oraciones comienzan con versos y son cortas y directas.

Incluye una lista de materiales o ingredientes en el orden en que se usan.

Las instrucciones se dan en pasos numerados o en párrafos cortos con palabras de secuencia.

Cómo hacer una vasija pueblo

1   Los ceramistas Pueblo todavía usan métodos tradicionales para hacer sus vasijas. En el pasado, los ceramistas solían ser mujeres, pero hoy en día, muchos hombres son excelentes ceramistas también.

2   Legoria Tafoya hace cerámicas negras al estilo Santa Clara usando los métodos tradicionales. Tafoya extrae la arcilla de un lugar que su familia ha conocido por generaciones. Remoja la arcilla y remueve las impurezas como las piedritas y hojas. En la mayoría de las áreas pueblo la arcilla necesita atemperarse para cocerse uniformemente y no romperse. Algunos indígenas pueblo usan la arena local. Otros muelen el basalto (una roca volcánica densa y dura) o trozos rotos de cerámica hasta obtener partículas finas.

Mis lecturas STAAR • Grado 5 • ©2015 Benchmark Education Company, L

Notes:

procedimiento

3   A menudo, la arcilla se deja "reposando" durante la noche. Un trozo pequeño toma la forma de una bola y se aplana formando un disco. Se convierte en la base de la vasija. El cuerpo de la vasija se fabrica con tiras largas de arcilla que se enrollan entre sí. El ceramista junta las tiras y luego raspa los puntos de unión hasta que estén suaves. No usa una rueda. Cuando la vasija tiene el tamaño deseado, el ceramista jala, empuja y raspa las partes para darles forma. Usa trozos de calabaza redondeados para darle forma a la vasija por dentro y por fuera. Si la vasija es para uso cotidiano, las marcas de unión se dejan al exterior de la vasija y sólo el interior se raspa hasta que quede suave. Luego, la vasija se seca lentamente para que no se fracture. El ceramista pule la superficie con una piedra o paño para lograr una superficie reluciente.

4   Sobre la vasija se pinta una capa con arcilla fina para formar un lienzo para el diseño. Todavía se usan los pinceles de yuca para aplicar las pinturas minerales para crear los diseños. Las comunidades pueblo usan diferentes colores. Los cochiti usan un blanco cremoso y los acoma y los zuni usan un blanco brillante. Cada pueblo y ceramista tiene sus propios diseños y formas.

5   La vasija se cuece a la intemperie, y se usa madera o estiércol como combustible. Un buen fuego y suficiente oxígeno logran los mejores resultados.

Interpretar detalles del texto de procedimientos

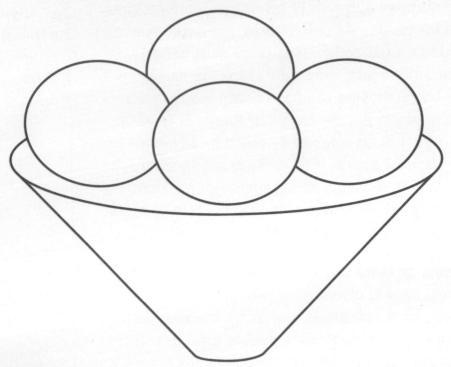

Paso general: _____

La ilustración de mi compañero	Interpretar la ilustración de mi compañero
	¿Qué paso muestra la ilustración? _____ _____ _____ _____ ¿Me ayuda la ilustración a comprender mejor el paso? ¿Por qué sí o por qué no? _____ _____ _____ _____

Sintetizar y hacer conexiones lógicas

	Verdadero/ falso	"Cómo hacer una vasija Pueblo"	"Los indígenas Pueblo de Nuevo México"
1. Legoria Tafoya es probablemente de Nuevo México.			
2. Después de que María Martínez descubrió cómo hacer cerámicas al estilo Santa Clara, guardó el secreto.			
3. Los indígenas pueblo probablemente criaban animales y cultivaban alimentos.			
4. Los primeros ceramistas pueblo probablemente no usaron pinceles de yuca.			

EDUCATION COMPANY, LLC

Preguntas dependientes del texto

1 ¿De qué manera el patrón de organización secuencial usado en los párrafos 2 a 5 ayudan al lector a entender el artículo? ¿Qué sucedería si no estuvieran organizados de esta manera?

_____

_____

_____

2 En el párrafo 3, ¿por qué el autor escribe la palabra "reposando" entre comillas?

_____

_____

3 ¿Qué idea del párrafo 1 ilustra la oración "No usa una rueda" en el párrafo 3?

_____

_____

Evidencia textual:

_____

_____

4 ¿Cómo identificaría un experto en cerámica pueblo al ceramista que hizo una vasija en particular?

_____

_____

_____

Evidencia textual:

_____

_____

Preguntas de práctica

1 Lee la siguiente oración del cuento.

> En la mayoría de las áreas pueblo, la arcilla necesita atemperarse para cocerse uniformemente y no romperse.

La palabra *atemperarse* tiene la misma raíz que la palabra *temperatura*. ¿Qué significa la palabra *atemperarse* en esta oración?

A el tiempo que se le da a la arcilla para reposar antes de cocerse

B el agua que se le agrega a la arcilla para quitar piedritas y hojas

C las impurezas que se aplican a la arcilla antes de que se convierta en vasija

D el material que se agrega a la arcilla para que todas las partes de la vasija se calienten uniformemente

---

2 ¿Cuál es el último paso antes de cocer la vasija pueblo?

F secar la vasija

G pulir la vasija

H agregar diseños a la vasija

J aplicar una capa a la vasija

---

3 ¿Cuál es la razón principal por la que las vasijas pueblo se cuecen a la intemperie?

A Para mantener los olores fuera de casa.

B Porque así se hacen las mejores vasijas.

C Así es más conveniente.

D Es una tradición pueblo.

Cómo hacer un presupuesto personal

¡Recuerda escribir anotaciones!

1   Quizás hayas visto un encabezado de Internet que dice: "El Congreso pasó un presupuesto de $3.7 billones de dólares". Quizás hayas escuchado que un programa escolar fue cancelado por "recortes de presupuesto". Quizás te preguntes qué es un presupuesto.

2   Un presupuesto es un plan sobre cómo usar el dinero. Los gobiernos federales, estatales y locales, obtienen dinero a través de impuestos. El presupuesto del gobierno es un plan sobre cómo gastar ese dinero.

3   Individuos y familias hacen lo mismo. Un presupuesto permite que las personas planifiquen para comprar cosas caras, como una casa o un carro. También los ayuda a monitorear lo que gastan en cosas como comida, ropa y vacaciones. Con un presupuesto, las personas pueden ahorrar para los gastos del futuro. Muchos padres usan un presupuesto para ahorrar para la universidad.

4   Hacer un presupuesto personal puede ayudarte a ver adónde va tu dinero. Puede ayudarte a ahorrar dinero para las cosas que son importantes para ti. Aquí tienes los pasos para hacer un presupuesto personal, semanal.

Paso 1: Anota tus ingresos

Piensa en todas las maneras en que ganas dinero. Quizá recibas una mesada o te paguen por trabajar. Quizá recibes regalos en un cumpleaños o en otra ocasión. Anota el dinero que recibes en una semana promedio. Ese es tu ingreso semanal. Aquí tienes un ejemplo sobre una niña que se llama Lila. Recuerda que tu ingreso podría ser distinto del de ella.

Tipo de ingreso	Cantidad por semana
Mesada	$10.00
Cuidar niños	$15.00
Trabajo en el jardín y otros	$10.00
Regalos	0
Ingreso semanal total	*$35.00*

Paso 2: Anota tus gastos fijos

Piensa en todas las cosas en que gastas dinero. Esos son tus gastos fijos que no cambian mucho de una semana a otra. Algunos gastos son necesarios. Incluyen comida, ropa y alojamiento. Esas son tus necesidades básicas. Otros gastos son importantes, pero no son esenciales. Para Lila esos incluyen pagar por sus minutos en su plan de teléfono celular y una membresía en la YMCA. Estos son los gastos fijos de Lila.

Tipo de gasto fijo	Cantidad por semana
Colación después de clases	$10.00
Minutos del celular	$6.00
Membresía de la YMCA	$2.00
Total de gastos fijos semanales	*$18.00*

Texto de procedi

Notas:

Paso 3: Resta tus gastos fijos de tus ingresos

7   Resta tus gastos fijos de tus ingresos. Puedes gastar o ahorrar el dinero que te queda. Eso se llama "ingreso discrecional". Las personas pueden usar su discreción, o libertad para elegir, para decidir cómo usar ese dinero. Lila descubrió que tiene $17 de ingreso discrecional cada semana.

Ingreso semanal total	$35.00
Menos gastos fijos semanales	−$18.00
Ingreso discrecional	$17.00

Paso 4: Decide cómo usar el ingreso discrecional

8   A Lila le gusta ir al cine y comprar música en Internet. También quiere ahorrar dinero para ir en un viaje de la clase el próximo año. El viaje le costará a cada estudiante $200 dólares. Lila decidió que puede gastar aproximadamente $12 dólares en entretenimiento, como películas y música. También puede ahorrar $5 dólares cada semana para el viaje y otros gastos inesperados. Sumó estas cosas en sus gastos semanales.

Tipo de gasto	Cantidad por semana
Colación después de clases	$10.00
Minutos del celular	$6.00
Membresía de la YMCA	$2.00
Entretenimiento: cine, música	$12.00
Ahorros	$5.00
Total de gastos semanales	*$35.00*

Mis lecturas STAAR • Grado 5 • ©2015 Benchmark Education Company

Notes:

Paso 5: Ajusta tu presupuesto según sea necesario

9   Nota que los ingresos y los gastos de Lila encajan exactamente. En el futuro, si sus ingresos suben, puede realizar cambios en cómo usa su ingreso discrecional. Si sus gastos suben, quizás necesite hallar una manera de ganar más dinero o reducir cuánto gasta o ahorra.

10   Quizás desees hacer un presupuesto para un período más largo, como un mes, usando los mismos pasos. Por ejemplo, quizás recibas un regalo en tu cumpleaños, pero no todos los meses. Si calculas tus gastos promedio y tus ingresos para un mes, puedes incluir tus ingresos especiales, como los regalos. Además puedes planificar para gastos especiales como una suscripción anual a una revista.

11   Considera llevar registro de tu ingreso actual y tus gastos en un diario. De esa manera, podrás revisar tu presupuesto y hacer cambios. Te evitará gastar demasiado dinero para que puedas seguir ahorrando para las cosas que quieres. Tu presupuesto personal te pone en control de tu dinero.

Cómo hacer un presupuesto personal

¡Recuerda tomar notas!

1   Quizás hayas visto un encabezado de un periódico o en Internet que dice: "El Congreso pasó un presupuesto de $3.7 billones de dólares". Quizás hayas escuchado que un programa para después de la escuela fue cancelado a causa de "recortes de presupuesto". Quizás te preguntes qué es un presupuesto.

2   Un presupuesto es simplemente un plan sobre cómo usar el dinero. Los gobiernos federales, estatales y locales obtienen dinero principalmente a través de los impuestos. El presupuesto del gobierno es un plan sobre cómo gastar o ahorrar el dinero recolectado.

3   Los individuos y las familias hacen lo mismo. Un presupuesto permite que las personas planifiquen para comprar cosas caras, como una casa, un carro o un refrigerador. También los ayuda a monitorear lo que gastan en cosas como alimento, ropa, actividades deportivas y vacaciones. Con un presupuesto, las personas pueden ahorrar para los gastos del futuro. Muchos padres usan un presupuesto para ahorrar para la educación universitaria de sus hijos.

4   Hacer un presupuesto personal puede ayudarte a entender tu propio dinero y cómo gastarlo. También

Notes:

puede ayudarte a ahorrar dinero para las cosas que son importantes para ti. Aquí tienes los pasos para hacer un presupuesto personal, semanal.

Paso 1: Anota tus ingresos

5   Piensa en todas las maneras en que ganas dinero. Quizás recibas una mesada de tus padres o te paguen por hora por trabajar (tus padres u otros), o recibes regalos en un cumpleaños o en otra ocasión. Anota todas tus fuentes de ingresos para obtener un promedio semanal y luego súmalos. Aquí tienes un ejemplo sobre una niña que se llama Lila. Recuerda que tus cantidades podrían ser distintas de las de ella.

Tipo de ingreso	Cantidad semanal
Mesada	$10.00
Cuidar niños	$15.00
Trabajo en el jardín y otros quehaceres	$10.00
Regalos	0
Ingreso semanal total	*$35.00*

Paso 2: Anota tus gastos fijos

6   Piensa en todas las cosas en que gastas dinero regularmente. Esos son tus "gastos fijos" o gastos que no cambian mucho de una semana a otra. Algunos gastos son necesarios, e incluyen comida (como la colación después de clases), ropa y alojamiento. Esos se llaman "necesidades básicas". Otros gastos son cosas que piensas que son importantes, pero que no son esenciales. Para Lila esos incluyen pagar por sus minutos en su plan de teléfono celular y una membresía en la YMCA. Estos son los gastos fijos de Lila.

Tipo de gasto fijo	Cantidad por semana
Colación después de clases	$10.00
Minutos del celular	$6.00
Membresía de la YMCA	$2.00
Total de gastos fijos semanales	*$18.00*

de procedimiento

LR GRADO 5 • ©2015 BENCHMARK EDUCATION COMPANY, LLC

Paso 3: Resta tus gastos fijos de tus ingresos

7   Resta tus gastos fijos de tu ingreso. La cantidad que queda es dinero para gastar o para ahorrar y se llama "ingreso discrecional". Las personas pueden usar su discreción, o libertad para elegir, para decidir cómo usar el dinero que tienen. Lila descubrió que tiene $17 de ingreso discrecional cada semana.

Ingreso semanal total	$35.00
Menos gastos fijos semanales	–$18.00
Ingreso discrecional	$17.00

Paso 4: Decide cómo usar el ingreso discrecional

8   A Lila le gusta ir al cine y comprar música en Internet. También quiere ahorrar dinero para ir en un viaje de la clase el próximo año. El viaje le costará a cada estudiante $200 dólares. Lila decidió que quiere gastar aproximadamente $12 dólares en entretenimiento, como películas y música, y ahorrar $5 dólares cada semana para el viaje de la clase y para otros gastos inesperados. Sumó estas cosas en sus gastos semanales.

Tipo de gasto fijo	Cantidad semanal
Colación después de clases	$10.00
Minutos del celular	$6.00
Membresía de la YMCA	$2.00
Total de gastos fijos semanales	*$18.00*

Paso 5: Ajusta tu presupuesto según sea necesario

9   Nota que los ingresos y los gastos de Lila encajan exactamente. En el futuro, si sus ingresos suben, puede realizar cambios en cómo usa su ingreso discrecional. Si sus gastos suben, quizás necesite hallar una manera de ganar más dinero o reducir cuánto escogió usar para su teléfono celular, entretenimiento o ahorros.

10   Cuando hagas tu presupuesto, quizás desees hacerlo para un período más largo, como un mes, y usando los mismos pasos. Por ejemplo, quizás recibas un regalo en tu cumpleaños todos los años, pero no todos los meses. Si calculas tus gastos promedio y tus ingresos para un mes, puedes incluir tus ingresos especiales, como los regalos. Además puedes planificar para gastos especiales como, por ejemplo, pagar por una suscripción anual a una revista.

11   Considera llevar registro de tu ingreso actual y tus gastos en un diario o en un libro de contabilidad. De esa manera, podrás revisar tu presupuesto y hacer los cambios necesarios. Te evitará gastar demasiado dinero para que puedas seguir ahorrando para las cosas que quieres. Tu presupuesto personal te pone en control de tu dinero.

Notas:

Preguntas dependientes del texto

1 ¿De qué manera las listas de Lila ayudan al lector a entender cómo hacer un presupuesto?

_____

_____

_____

_____

2 Imagina que el ingreso de Lila disminuyera inesperadamente y que todavía necesitara dinero para el viaje de su clase. Con base en la información del Paso 2, ¿qué podría hacer Lila?

_____

_____

_____

Evidencia textual:

_____

_____

_____

3 Resume el consejo que se da en el último párrafo del artículo. ¿Crees que es un buen consejo? ¿Por qué sí o por qué no?

_____

_____

_____

_____

Evidencia textual:

_____

_____

_____

_____

Preguntas de práctica

1 ¿Cuál es el **mejor** resumen del artículo?

A Un presupuesto personal te ayuda a llevar un registro de tus ingresos y gastos para que puedas controlar adónde va tu dinero y ahorrar para compras grandes. Los pasos incluyen restar tus gastos fijos de tus ingresos, calcular qué hacer con el dinero que queda y ajustar el presupuesto si la situación monetaria cambia.

B El Congreso usa un presupuesto para mantener registro de los ingresos y gastos de la nación. Las familias usan un presupuesto para ahorrar para una casa, carro, universidad y otros gastos futuros. También deberías hacer un presupuesto.

C El paso más importante al hacer un presupuesto personal es anotar los gastos personales. Si anotas tus gastos con la mayor exactitud posible, los otros pasos de hacer un presupuesto personal son más fáciles.

D Los cinco pasos son Paso 1: Anota tus ingresos. Paso 2: Anota tus gastos fijos. Paso 3: Resta tus gastos fijos de tus ingresos. Paso 4: Decide cómo usar el ingreso discrecional. Paso 5: Ajusta tu presupuesto según sea necesario.

---

2 ¿Qué conclusión puede sacar el lector de la información en el artículo y las dos listas de Lila?

F Lila puede costear los gastos imprevistos.

G Lila gana lo suficiente como para costear sus gastos regulares.

H Lila no podrá ahorrar para el viaje de su clase.

J Lila necesita ganar más dinero para cubrir sus gastos.

---

3 ¿Cuál es el propósito de realizar el Paso 3 en el artículo?

A Asegurarse de que tienes suficiente dinero para pagar tus gastos fijos.

B Planificar cómo gastar el dinero que queda al pagar los gastos fijos.

C Averiguar cuánto dinero puedes gastar en cosas que no debes comprar.

D Descubrir maneras de ganar dinero extra para comprar las cosas que quieres.

...critura

En el texto "Cómo hacer una vasija pueblo", el autor declara: "Los ceramistas pueblo todavía usan métodos tradicionales para hacer sus vasijas". ¿Qué pasos, herramientas y materiales describe el autor para respaldar esa idea?

Usa la tabla planificadora para organizar tus ideas, y luego escríbelas en las líneas de abajo.

Pasos tradicionales	Herramientas tradicionales	Materiales tradicionales

_____

_____

_____

_____

_____

_____

_____

_____

procedimiento

Vocabulario

Parte 1: Lee las siguientes palabras a un compañero. Luego organízalas al escribirlas en la columna correcta de la tabla de abajo.

basalto	cochiti	pulir	pinturas minerales
acoma	partículas	remojar	aplanar
moler	arcilla	zuni	raspar
pueblo	unir	estiércol	ceramista

Materiales para hacer vasijas	Pasos para hacer una vasija	Pueblos indígenas

Parte 2: Comparte y comenta tus respuestas con un compañero.

Escribe una oración con una palabra de cada columna.

_____

_____

_____

_____

Enfoque en el género

OBRAS DE TEATRO

¿Qué es una obra de teatro?

Una obra de teatro es una historia escrita en forma de guión. El objetivo principal es que los actores presenten el guión en escena en frente de una audiencia. Los sucesos de una obra se presentan en secciones cortas llamadas escenas. Las escenas pueden agruparse en secciones grandes llamadas actos. Muchas obras se dividen en dos o tres actos. Las obras consisten casi totalmente de diálogo o conversaciones entre personas.

¿Cuál es el propósito de una obra de teatro?

Una obra muestra personas en acción. El personaje principal se enfrenta a un conflicto o tiene un problema que resolver. El propósito de una obra es permitir que la audiencia (o lectores) se conecten con los personajes y experimenten sus emociones.

¿Cómo se lee una obra de teatro?

Presta especial atención al diálogo. Casi toda la información sobre los personajes y la trama viene de lo que los personajes dicen y hacen. Ten en cuenta cuándo y dónde tiene lugar la historia. Usa la imaginación para "ver" el escenario y las acciones. Por último, presta atención a las *acotaciones*, que son notas a los actores, directores y diseñadores escritas entre paréntesis. Al leer te serán útiles para entender quien está hablando, quien está escuchando, quien está en el escenario y quien no.

¿Quién inventó las obras de teatro?

Los griegos representaron las primeras obras de teatro. Tuvieron la idea de un actor que habla y actúa, o que "finge" ser otra persona. Estas primeras obras influyeron a los futuros autores de obras de teatro, a quienes llamamos dramaturgos.

Las obras se escriben para ser representadas por actores en un escenario.

Las obras se narran mediante el diálogo y las acciones de los personajes.

Las obras suelen tener uno o más personajes principales y otros personajes menores.

Características de una **OBRA DE TEATRO**

Los guiones de las obras incluyen acotaciones.

La obra se basa en un conflicto: los personajes deben resolver un conflicto o tienen que tomar una decisión.

Las obras se desarrollan en uno o más ambientes y épocas.

Las obra tienen pueden estar divididas en escenas y actos.

Obras de

Apunta
tus ideas.
→

Niña de la naturaleza

PERSONAJES:

KAYA PHILLIPS: niña de doce años

ABUELA: La abuela de Kaya

ELI PHILLIPS: el papá de Kaya, maestro

LEAH PHILLIPS: la mamá de Kaya, doctora

PRIMERA ESCENA

1   [*Las luces emergen en un estrecho apartamento en la ciudad de Nueva York. KAYA se sienta en su escritorio en su dormitorio y trata de leer. La ciudad es muy ruidosa con sus sonidos de gritos constantes, bocinas y chillidos. Ella cierra la ventana y sigue leyendo. Luego suspira y camina hacia la sala en donde ABUELA está tejiendo*].

2   **KAYA:** Abuela, no puedo concentrarme porque el ruido de la calle ¡es tan molesto! [*Se sienta de golpe en el sofá*]. He leído la misma oración como 100 veces y cada vez que trato de comenzar de nuevo, escucho un choque o a alguien que grita afuera. ¡No puedo concentrarme!

3   **ABUELA:** [*Sonríe de manera amable*]. Bueno, esto es Nueva York, por supuesto que hay ruido afuera. Este bullicio no se va acabar. Pero es posible filtrar lo que escuchas.

4   **KAYA:** ¿Cómo se hace eso abuela? ¿Cómo filtras el ruido?

5   [*Antes de que ABUELA pueda contestar, ELI y LEAH entran llevando recipientes de comida; el delicioso aroma de la comida caliente llega con ellos*].

6   **ELI:** ¡Saludos, terrícolas! ¿Quién quiere comida china? [*KAYA se ríe y da un salto*].

7 **KAYA:** ¡Yo quiero! ¡Esto es genial, papá! [ELI, LEAH, KAYA *y* ABUELA *comienzan a poner la mesa y a abrir los recipientes*].

8 **ABUELA:** [*a* LEAH] Oye, pero yo podría haber hecho la cena para todos esta noche. Estoy segura que a Kaya le habría encantado comer *pemmican* y *succotash,* preparado de la manera en que nuestros ancestros iroqueses solían hacerlo.

9 **LEAH:** Mamá, por favor no empieces con lo mismo. Tuve tres cirugías seguidas hoy en el hospital, y tuvimos orientación para el nuevo personal. De todas maneras, no critiques este nuevo tipo de comida hasta que la pruebes. La comida china que compramos es excelente y, mucho mejor que el *succotash.*

10 **ABUELA:** ¡Ay, mija! No hay nada mejor que un guiso de maíz con frijoles. ¡Por algo soy la Madre del maíz!

11 **KAYA:** [*se ríe*] La Madre del maíz, abuela. ¿Qué es eso?

12 **ELI:** ¡Alguien muy cursi!

13 [*Simultáneamente, todos se ríen y se sientan a comer*].

14 **ABUELA:** La Madre del maíz es parte de un viejo cuento de nuestros antepasados iroqueses. ¿Sabes sobre la mujer que dio su cuerpo a la tierra para salvar a su pueblo?

15 **KAYA:** No, nunca he escuchado sobre ella.

Notas:

Notas:

16 **ABUELA:** ¡Ay, bendito! Bueno, después de que murió, sus cenizas se esparcieron por toda la tierra y crecieron para convertirse en la fuente de las primeras plantas de maíz. Ella se sacrificó para salvar a otros, para alimentar a otros, para mantenerlos saludables. Ella simboliza la salud y la comida saludable, que no se parece a lo que la mayoría de las personas comen hoy en día. [*Ella mira su plato y juega un poco con la comida, inspeccionando sospechosamente cada ángulo*].

17 **LEAH:** Mamá, te prometo que esta comida no tiene veneno. Es fresca y nutritiva, ¡y deliciosa!

18 **ABUELA:** [con escepticismo] Eso lo veremos . . .

19 [*La familia come en silencio mientras que el estrépito de la ciudad aumenta y las luces se atenúan*].

SEGUNDA ESCENA

20 [*La luz ilumina a KAYA y ABUELA caminando por la ciudad. Se detienen en una intersección concurrida y un autobús pasa rápido cerca de ellas, causando que la falda de ABUELA resuene*].

21 **KAYA:** [*curiosa*] Entonces, abuela, por favor explícame de nuevo, ¿qué estamos haciendo aquí?

22 **ABUELA:** Bueno, para continuar nuestra conversación de ayer, querías saber cómo no escuchar la ciudad, y estoy planeando cómo mostrarte maneras de apreciar tus entornos sin dejar que te superen. Cierra los ojos.

23 **KAYA:** [*incrédula*] ¿De verdad?

24 **ABUELA:** Sí, Kaya, sólo confía en mí.

25 [*KAYA da un suspiro de desconfianza y cierra los ojos*].

26 **ABUELA:** ¿Qué oyes?

27 **KAYA:** ¡Muchos ruidos! [*Abre los ojos*]. Ya pues, abuela, ¡esto es tonto! [ABUELA *se queda de pie observando con una quieta determinación*].

28 **KAYA:** ¡Ay, está bien! [*Ella cierra los ojos*]. Está bien. Escucho autobuses, carros, gente gritando. ¿Y qué? Eso es Nueva York.

29 **ABUELA:** Sí, pero imagina que el sonido del autobús es realmente el viento que emerge de las olas del mar, y que las bocinas son el sonido de las aves comunicándose mientras vuelan sobre nosotras. Sustituye los sonidos y las imágenes de la naturaleza para restablecer tu alegría, ¿me entiendes?

30 **KAYA:** Creo que sí. ¿Podrían los gritos ser crías de lobos que luchan o atacan?

31 **ABUELA:** Precisamente, cariño. ¿Y qué más escuchas?

32 **KAYA:** El ruido del autobús podría ser el susurro de un campo de maíz o el mecer de las hojas, y las bocinas podrían ser golpes de tambor, y los gritos ¡podrían ser los cantos alrededor de una fogata!

33 **ABUELA:** Bien hecho. Ahora abre los ojos y mira cuidadosamente; dime ¿qué ves?

34 **KAYA:** Una selva de cemento.

35 **ABUELA:** [*se ríe*] Verdad. Pero si miras con atención, podrías ver que un edificio es el contorno de una montaña gigante o que la curva del camino es un sendero por el bosque o un riachuelo que bordea el valle.

36 **KAYA:** Y los carros son canoas, y los faroles de las calles ¡son luciérnagas!

37 **ABUELA:** Ahora me estás entendiendo. Recuerda, cuando la ciudad te interrumpa o te moleste, escucha y busca los sonidos de la naturaleza. La naturaleza puede nutrirte y hacer que te sientas completa. No olvides que es así como sobrevivieron nuestros ancestros.

Notas:

Obras de teatro

Explicar el papel y las funciones de los personajes

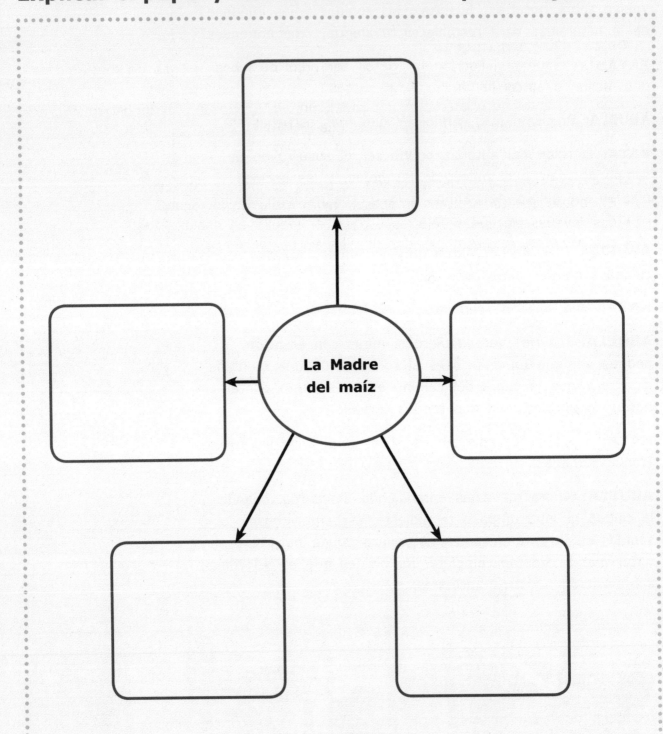

La Madre del maíz

MIS LECTURAS STAAR • GRADO 5 • ©2015 BENCHMARK EDUCATION COMPANY, LLC

Explicar el efecto de un acontecimiento histórico

Datos sobre los iroqueses:

- Los iroqueses vivían en aldeas, en estructuras largas, hechas de madera y sin ventanas llamadas "casas largas".
- Los iroqueses jugaban *lacrosse* usando un palo con una red en su parte superior para atrapar y transportar una pelota.
- Los iroqueses cultivaban maíz, frijoles y calabazas.
- Los iroqueses cazaban venados, osos, pavos y conejos.
- Los iroqueses fabricaban ropa y mocasines de piel de venado.
- El cabello de los hombres iroqueses tenía estilo de mohicano.
- Las jóvenes iroquesas solteras usaban el cabello en dos trenzas.
- Las mujeres iroquesas casadas usaban sólo una trenza.

Preguntas dependientes del texto

1 ¿Por qué el autor titula el texto "Niña de la naturaleza" cuando trata sobre una niña que vive en la ciudad?

_____

_____

Evidencia textual:

_____

_____

2 ¿Cómo reaccionan los padres de Kaya cuando Abuela habla sobre las tradiciones iroquesas?

_____

_____

Evidencia textual:

_____

3 Compara cómo se siente Kaya al inicio de la segunda escena y cómo se siente al final de esa escena.

_____

_____

_____

Evidencia textual:

_____

_____

4 Al final de la segunda escena, Abuela dice: "La naturaleza puede nutrirte y hacer que te sientas completa". ¿Qué quiere decir?

_____

_____

Evidencia textual:

_____

_____

Preguntas de práctica

1 ¿Por qué Abuela reacciona de forma negativa a la comida que los padres de Kaya llevan a casa?

   A Porque sabe mal

   B Porque huele muy extraño

   C Porque no es comida china

   D Porque no es comida iroquesa

2 ¿Sobre qué trata principalmente la segunda escena?

   F cómo Abuela le enseña a Kaya a apreciar las tradiciones iroquesas

   G cómo Abuela le enseña a Kaya a sobrellevar las vistas y sonidos de la ciudad

   H cómo Abuela le señala a Kaya toda la naturaleza que hay en la ciudad

   J cómo Abuela le explica a Kaya cómo sobrevivían sus ancestros iroqueses

3 ¿Qué representan los padres de Kaya en la obra?

   A vivir en el futuro

   B transmitir la propia cultura

   C disfrutar de la vida moderna

   D rechazar los valores tradicionales

Obras de teatro

Escritura

En "Niña de la naturaleza", ¿cómo trata Abuela de ayudar a Kaya a adaptarse a la vida en Nueva York? ¿Qué hace Abuela que demuestra que todavía debe adaptarse ella misma?

Cómo trata Abuela de ayudar a Kaya a adaptarse	Qué hace Abuela que muestra que también necesita adaptarse

_____

_____

_____

_____

_____

_____

_____

_____

_____

Mɪs ʟᴇᴄᴛᴜʀᴀs STAAR • Gʀᴀᴅᴏ 5 • ©2015 Bᴇɴᴄʜᴍᴀʀᴋ Eᴅᴜᴄᴀᴛɪᴏɴ Cᴏᴍᴘᴀɴʏ, LLC

Lectura de texto a texto

Parte 1: Repasa "Cómo hacer una vasija pueblo" y "Niña de la naturaleza" para hallar dos detalles de apoyo en cada texto que apoyen la idea principal.

Idea principal: Los indígenas-americanos valoran las tradiciones.

Detalles de apoyo:

1 _____

_____

2 _____

_____

3 _____

_____

4 _____

_____

Parte 2: Una palabra compuesta se compone de dos palabras que se unen para formar una palabra nueva con un significado diferente. Algunas palabras compuestas comunes como "sacapuntas" las usamos tan seguido que olvidamos que están formadas por dos palabras. Con un compañero, completa la tabla de abajo. Si no sabes el significado de una palabra compuesta, búscala en el diccionario. ¿La palabra compuesta tiene un significado distinto de las dos palabras que la forman? ¿Cómo se relaciona ese significado con el de las palabras raíz?

Palabra compuesta	Palabras separadas	Significado nuevo
mediodía		
bocacalle		
telaraña		
paracaídas		
espantapájaros		
girasol		
malpensado		
trabalenguas		

Textos informativos: *Ciencias*

¿Qué es un texto informativo?

Un texto informativo es un texto de no ficción que presenta información de manera precisa y organizada. Generalmente aborda un solo tema, como el comportamiento humano, o un solo suceso histórico, como un descubrimiento científico.

¿Cuál es el propósito de un texto informativo?

Los textos informativos tienen un propósito principal: informar. Los textos informativos bien escritos logran capturar la atención del lector. Los autores acercan al lector al texto y provocan que quiera leer y aprender más sobre el tema.

¿Cómo se lee un texto informativo?

Busca los hechos y detalles de apoyo. Haz una lectura crítica para asegurarte de que las conclusiones tienen sentido. Pregúntate: ¿Aprendí algo de este texto? ¿Me gustaría aprender más? ¿Puedo desarrollar mis conclusiones a partir de lo que leí?

¿Quién escribe textos informativos?

Los mejores escritores conocen muy bien el tema del que escriben. Se convierten en cierto tipo de expertos en el tema y se aseguran de que puedan apoyar la información en su texto con hechos históricos, datos científicos, cronogramas o diagramas, y evidencia de expertos. Ellos usan fuentes primarias, como diarios y fotografías.

Mis lecturas STAAR • Grado 5 • ©2015 Benchmark Education Company, L

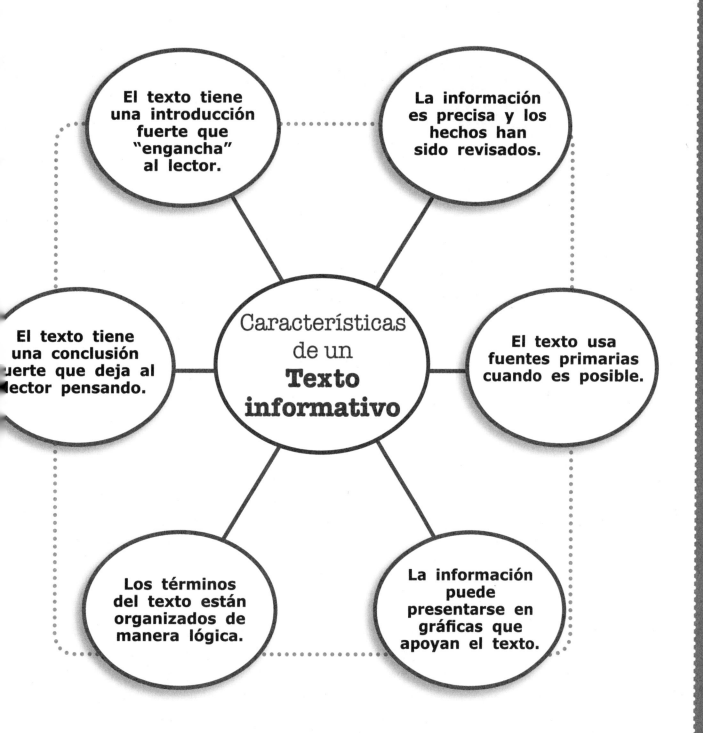

El texto tiene una introducción fuerte que "engancha" al lector.

La información es precisa y los hechos han sido revisados.

El texto tiene una conclusión fuerte que deja al lector pensando.

Características de un **Texto informativo**

El texto usa fuentes primarias cuando es posible.

Los términos del texto están organizados de manera lógica.

La información puede presentarse en gráficas que apoyan el texto.

Mis lecturas STAAR • Grado 5 • ©2015 Benchmark Education Company, LLC

El lobo gris

1   Los lobos abundan, no sólo en el folclore, sino en gran parte del Hemisferio Norte alrededor del mundo. Ellos han aprendido a sobrevivir en terrenos tan variados como montañas, planicies, bosques e incluso desiertos.

2   Los lobos grises, como todos los lobos, forman parte de la familia canina. Si miraras una fotografía de un lobo gris, quizás lo confundirías con un pastor alemán de patas largas.

3   El lobo gris es un tipo particular de lobo, pero no dejes que su nombre te confunda. Mientras que todos los lobos grises tienen un pelaje largo y grueso, no todos ellos son, en realidad, grises. Algunos son de color blanco, café o incluso negros. Hay, sin embargo, algunas características que todos comparten. Todo lobo gris tiene una cola larga y menuda, orejas triangulares pequeñas, patas largas y ojos color café. Todos los lobos también tienen dientes filosos y puntiagudos, que usan para matar y comer a su presa.

4   Los lobos grises, como todos los lobos, viven en manadas, que a menudo incluyen hasta una docena de miembros. Cada manada tiene un líder macho y hembra, que se conocen como el macho alfa y la hembra alfa. Ellos son los jefes y todo lobo de la manada lo sabe. Si un lobo trata de desafiar a uno de los alfas puede ser castigado e incluso expulsado de la manada. A los lobos grises no les gusta vivir solos, así que los alfa son raramente desafiados.

5   El macho y la hembra alfa son pareja y se mantienen juntos a lo largo de su vida. Los alfa son los únicos lobos

de la manada que se reproducen. Aunque los lobos grises a menudo duermen en el suelo a la intemperie, establecen una madriguera una vez que nacen los cachorros. Los troncos ahuecados o las cuevas hacen una madriguera calentita y segura. También se sabe que las hembras del lobo gris excavan madrigueras en el suelo para sus crías.

6   Tanto el macho como la hembra ayudan a cuidar de los cachorros. Los lobos grises son excelentes padres y protegen a sus crías a toda costa. Una vez que un cachorro alcanza los tres años de edad, puede dejar la manada y encontrar una vida nueva o puede quedarse con la manada como un miembro adulto.

7   Todos los lobos son carnívoros. Los lobos grises cazan venados, castores, conejos salvajes e incluso el alce americano. Los humanos siempre han temido a los lobos, pero las personas no están en su lista de presas naturales. De hecho, la mayoría de los lobos grises parecen sentir miedo de los seres humanos y escapan tan pronto como escuchan o ven a una persona.

8   Muchos mitos del pasado hablan sobre madres lobas que han encontrado bebés humanos y los han criado como propios. Quizás estas historias se contaron para recordarnos que aunque los lobos son feroces cazadores, simplemente son otra parte de la naturaleza, tal como los humanos.

Los lobos en América del Norte

9   El lobo gris no es el único tipo de lobo que vive en América del Norte. El lobo rojo y el del este también se encuentran allí.

	Lobo gris	Lobo rojo	Lobo del este
Peso	60–120 libras	45–80 libras	55–65 libras
Pelaje	Gris, negro, blanco, café	Rojizo alrededor del cuello y la cabeza; el cuerpo es principalmente color café	Hocico rojizo-marrón y también detrás de orejas y patas; lomo negro, blanco y gris
Rango	Alaska, Canadá, norte de los Estados Unidos	Sur de Canadá, norte de los Estados Unidos	Canadá, estado de Nueva York
Presa	Alce, castor, conejos, alce americano	Mapaches, conejos, roedores	Venados, alce americano, castor

Notas:

Mis lecturas STAAR • Grado 5 • ©2015 Benchmark Education Company, LLC

Textos informativos

Resumir las ideas principales

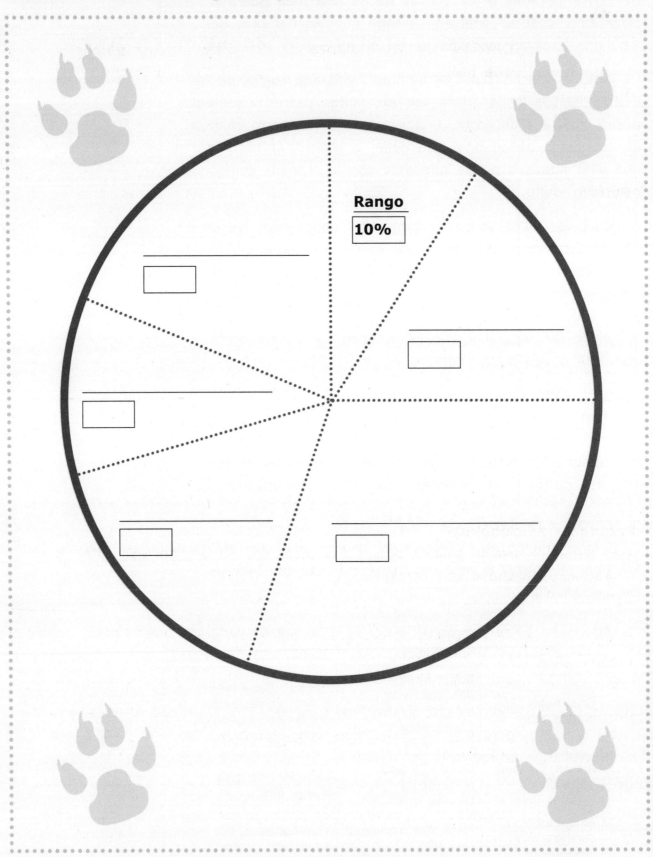

Mis lecturas STAAR • Grado 5 • ©2015 Benchmark Education Company, LLC

Determinar los hechos en un texto

	Oración con una palabra que indica una opinión	Oración con una palabra que indica un hecho
Párrafo 2		
Párrafo 5		
Párrafo 7		
Párrafo 8		

Preguntas adicionales:

1 El párrafo 6 usa la palabra <u>puede</u> dos veces en una oración. ¿Es esta oración un hecho o una opinión?

_____

2 Vuelve a leer el párrafo 7. Halla la idea que se presenta como hecho, pero que en realidad es una opinión.

_____

3 Corrige la oración en el párrafo 7 que contiene una idea que se presenta como hecho, pero que en realidad es una opinión. Agrega una palabra que indique que es una opinión.

_____

_____

Mis lecturas STAAR • Grado 5 • ©2015 Benchmark Education Company, LLC

Preguntas dependientes del texto

1 Describe tres cosas que todos los lobos tienen en común.

_____

_____

Evidencia textual:

_____

_____

2 El párrafo 4 dice que a los lobos grises no les gusta vivir solos. ¿Qué otra razón sobre por qué los lobos grises viven en manadas puede inferir el lector del párrafo 7?

_____

_____

_____

_____

Evidencia textual:

_____

_____

3 ¿Tiene el autor una actitud positiva o negativa sobre los lobos? Apoya tu respuesta con ejemplos. Agrega la evidencia del texto en tu respuesta.

_____

_____

_____

_____

_____

_____

_____

Preguntas de práctica

1 ¿Cuál de estos es el mejor resumen de "El lobo gris"?

A El lobo gris vive en el Hemisferio Norte. Son caninos que viven en manadas guiadas por un macho alfa y una hembra alfa. Los lobos grises comen carne, pero no están interesados en los seres humanos como presa. Sin embargo, las personas están interesadas en los lobos como sujeto del folclore y los mitos.

B Los lobos grises se encuentran en todas partes del mundo. Comparten muchas características. Se han contado muchos cuentos sobre los lobos. El autor piensa que las personas escribieron los cuentos para poder comprender el lugar de los lobos en la naturaleza.

C Los lobos grises son sobrevivientes. Ellos sobreviven al comer carne, vivir en manadas y hallar lugares seguros para criar a sus cachorros. A los tres años de edad, el cachorro puede dejar la manada. Si un lobo trata de desafiar a uno de los alfas puede ser expulsado de la manada.

D Los lobos abundan en el folclore y los mitos. El lobo gris vive en las montañas, bosques, planicies y desiertos del Hemisferio Norte. El lobo gris no es completamente gris. Sus dientes filosos le ayudan a capturar a su presa.

2 ¿Por qué se incluye la tabla al final del artículo?

F Para describir la historia de los lobos.

G Para mostrar por qué los lobos están en peligro.

H Para brindar detalles sobre el comportamiento de los lobos.

J Para comparar al lobo gris con otros tipos de lobo.

3 ¿Qué tienen en común todos los lobos?

A su presa

B su hábitat

C su vida familiar

D su apariencia

De reinos a especies

CLASIFICACIÓN ANIMAL

mamíferos

reptiles

aves

peces

¡Destaca información importante!

1   La clasificación es el proceso de organizar cosas en grupos. Los científicos agrupan a los organismos según sus características o rasgos que comparten. El **reino** es el grupo más grande de organismos. Un reino incluye a todos los organismos que se parecen de una manera significativa. Por ejemplo, el reino animal incluye sólo a los animales, y el reino de las plantas, incluye sólo a las plantas. Hay cinco reinos en total.

2   A su vez, los reinos se dividen en **filos**. Los filos más grandes son los artrópodos y los cordados. Los artrópodos son animales que no tienen una columna vertebral o un esqueleto interno como los humanos. Tienen un exoesqueleto, o esqueleto externo. Un exoesqueleto es como un caparazón. La mayoría de los insectos son artrópodos. Los cordados sí tienen una columna vertebral. La columna vertebral es una fibra de nervios que se encuentra en la espalda de los cordados.

Notas:

Los cordados que tienen una columna vertebral revestida por huesos son vertebrados y los que no la tienen, son invertebrados.

3   A medida que los organismos se organizan en grupos más pequeños, se comienzan a parecer más. Por ejemplo, las aves se agrupan en una clase porque tienen plumas. Los animales que alimentan a sus crías con leche pertenecen a otra clase, los mamíferos. Los seres humanos son mamíferos.

4   Una vez que se organizan en **clases**, todos los organismos se organizan en un **orden**. El orden de los primates incluye a los animales que tienen manos y patas bien desarrollados, una nariz corta y un cerebro grande. Un orden se divide en grupos más pequeños llamados **familias**. Por ejemplo, el orden de los primates contiene a una familia llamada homínidos. Esta familia incluye a los humanos, los chimpancés y los gorilas. Los últimos dos grupos en el sistema de clasificación son el **género** y la **especie**. Los zorros, lobos y perros pertenecen a la misma familia, sin embargo, los zorros están en un género diferente que los lobos y los perros. Un collie, un poodle y un pastor alemán son perros. Todos están en la misma especie.

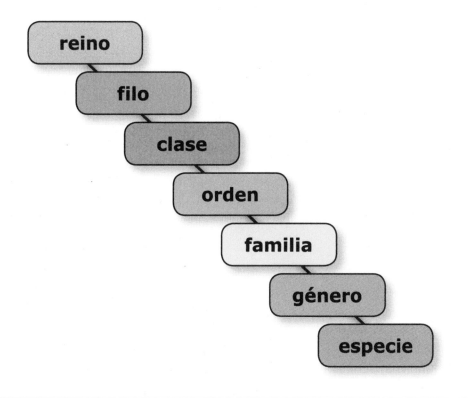

…S LECTURAS STAAR • GRADO 5 • ©2015 BENCHMARK EDUCATION COMPANY, LLC

Preguntas dependientes del texto

1 Con la información del artículo, explica a qué reino, filo, clase, orden y familia perteneces tú.

_____

_____

Evidencia textual:

_____

_____

_____

2 ¿Es más probable que un escarabajo sea un artrópodo o un cordado? Explica tu respuesta.

_____

_____

_____

Evidencia textual:

_____

_____

_____

3 ¿Por qué el autor comenzó describiendo qué es un reino y terminó describiendo las especies?

_____

_____

_____

Evidencia textual:

_____

_____

_____

Preguntas de práctica

1 ¿Cuál declaración expresa mejor la idea principal del artículo?

   A Los seres vivos se clasifican en reinos diferentes.

   B Los científicos dividen a los seres vivos en grupos según sus características.

   C Los animales de la misma especie tienen la mayor cantidad de características en común.

   D Los científicos estudian en qué se parecen y en qué se diferencian los organismos.

---

2 Los invertebrados se diferencian de los vertebrados ya que no tienen

   F un caparazón.

   G un esqueleto.

   H una columna vertebral.

   J una médula espinal.

---

3 Con base en la información del párrafo 2, el lector puede concluir que los tiburones y las ballenas pertenecen

   A a la misma clase.

   B al mismo género.

   C al mismo filo.

   D a la misma familia.

Escritura

Hay información sobre los lobos grises en la tabla que se diferencia de la información proporcionada en el texto. ¿Cuál es esa información? ¿Cómo puedes descubrir si el texto o la tabla están en lo correcto? Usa la tabla planificadora de abajo para organizar tus ideas, y luego anótalas en las líneas de abajo.

	Texto "El lobo gris"	Tabla "Los lobos en América del Norte"	¿Concuerdan estas dos fuentes?
Hábitat			
Pelaje			
Presa			

_____

_____

_____

_____

_____

_____

_____

Vocabulario

Parte 1:

1. Repasa las selecciones "El lobo gris" y "Una princesita".

2. Escoge 3 palabras de cada selección que creas que son interesantes o difíciles.

3. Anota las palabras en la tabla de abajo.

4. Usa un diccionario impreso o en línea para escribir los significados junto a las palabras.

5. Escribe una oración con cada palabra.

Palabra	Significado	Oración

Parte 2:

Compara tus palabras con las de un compañero. Escojan 5 palabras de sus listas y coméntenlas. Nombren tantas palabras relacionadas como puedan para cada palabra escogida. Usen prefijos, sufijos y palabras base para identificar palabras relacionadas y anótenlas en las líneas de abajo.

Ejemplo:

Palabra: *dibujar* Palabras relacionadas: *dibujo, dibujante, dibujado*

Palabra	Palabras relacionadas

BIOGRAFÍA

¿Qué es una biografía?

_____

_____

_____

_____

_____

¿Cuál es el propósito de una biografía?

_____

_____

_____

_____

_____

¿Cómo se lee una biografía?

_____

_____

_____

_____

_____

¿Quién escribe biografías?

_____

_____

_____

_____

_____

Mis lecturas STAAR • Grado 5 • ©2015 Benchmark Education Company, L

Características de una Biografía

Una biografía indica la fecha y lugar de nacimiento de la persona.

Una biografía comienza "enganchando" al lector.

Una biografía trata sobre la familia, niñez y sucesos importantes de la persona.

Una biografía describe el impacto de la persona en el mundo.

Una biografía describe la personalidad y las características de la persona.

Una biografía incluye citas de la persona o personas que la conocían.

¡Recuerda escribir anotaciones!

Rudolf Diesel, inventor

1   A comienzos de la década de 1870, la mayoría de los barcos, trenes y fábricas funcionaban gracias a motores a vapor. Luego, un ingeniero alemán llamado Nikolaus Otto inventó un nuevo tipo de motor que funcionaba con gasolina. La gasolina se hacía a base de petróleo, un combustible fósil que se encuentra en la tierra.

2   El nuevo motor de Otto fue una mejora excepcional. Los motores a vapor y a gas eran poco eficientes. Sólo cerca del 10% del combustible que usaban se convertía en energía. El resto se perdía como calor.

3   En esa época, Rudolf Diesel era un joven estudiante de ingeniería. Cuando vio los nuevos motores, se interesó en el problema del uso del combustible. Pensó que podía diseñarse un motor que usara el combustible más eficientemente.

Juventud y obra

4   Hijo de alemanes, Rudolf Diesel nació en París en 1858. Cuando estalló la guerra entre Alemania y Francia en 1870, la familia Diesel abandonó Francia y se mudó a Londres, Inglaterra. Ahí, Rudolf asistió a la escuela y aprendió inglés. Después de la guerra, su padre lo envió a la universidad en Alemania, en donde sus maestros pronto reconocieron el gran talento del joven.

5   Después de graduarse de la universidad, Diesel trabajó para uno de sus maestros como ingeniero de refrigeración. Pero siguió pensando en cómo fabricar un mejor motor de gasolina.

6   En 1885, abrió su primer estudio-laboratorio en París. Durante 13 años probó distintos diseños y combustibles. Uno de sus motores usaba aire calentado por energía solar. En otro experimento, usó amoníaco como combustible, y el motor explotó. Este accidente envió a Diesel al hospital por varios meses. También lo dejó con problemas de salud por el resto de su vida.

Notas:

Notas:

Un nuevo tipo de motor

7   En un motor de gasolina común, como el inventado por Otto, el combustible se mezcla con el aire. Luego, la mezcla de combustible-aire se comprime. La chispa de una bujía lo enciende. La energía de esa pequeña explosión se convierte en energía mecánica. Esa energía proporciona la potencia para mover el barco, el tren u otra máquina.

8   Según seguía investigando, Rudolf Diesel determinó que comprimir el aire primero, antes de mezclarlo con combustible, produciría más energía. Él sabía que este proceso usaría más de la energía del combustible.

9   Comprimir el aire causa que este se caliente. En el diseño de Diesel, se inyectaba combustible en el aire caliente y comprimido. El alto calor hacía explotar el combustible, entonces no se necesitaba una chispa. Tal como el motor de Otto, el motor de Diesel convertía el combustible en energía mediante muchas explosiones pequeñas.

10   Con un buen diseño de motor y el combustible adecuado, Diesel postuló para una patente en 1892. La patente protegería su invento de otros que querrían ganar dinero a su costa. Su primer motor era un cilindro de hierro de 10 pies de alto con un volante en su base. Pero Rudolf siguió mejorándolo. En 1896, presentó un modelo que usaba el 75% de la energía del combustible. El mundo industrial estaba muy interesado en su trabajo. En unos pocos años, su <u>diseño</u> pionero convirtió a Rudolf Diesel en millonario.

11   El motor de Diesel tenía muchos usos industriales. Bombeaba líquidos a través de tuberías y producía electricidad en centrales eléctricas. Se usaba para hacer funcionar máquinas, fábricas, minas, ferrocarriles, barcos, camiones y algunos automóviles. El motor de Rudolf ayudó a muchas industrias a crecer y desarrollarse rápidamente y convirtió en millonarios a un buen número de dueños de fábricas.

Notas:

Un inventor consciente

12   Pero Diesel no era sólo un ingeniero y no estaba sólo concentrado en ganar dinero. Le preocupaban los trabajadores y los artesanos que tenían sus propios talleres. Una razón por la que quería diseñar un mejor motor era para ayudar a los pequeños negocios a competir con las grandes industrias. Su motor podría usar una variedad de combustibles, como aceite de cacahuate u otros aceites vegetales. A diferencia de la gasolina, estos combustibles eran baratos y disponibles. Esto ayudaría a los trabajadores y artesanos a ahorrar dinero ya que no tendrían que comprar gasolina, la que era cara y difícil de hallar. Sin embargo, el mundo industrial no siguió la guía de Diesel y no adoptó los combustibles vegetales. En vez de eso, la mayoría de las industrias se movieron hacia el petróleo. La gasolina se convirtió en el combustible preferido, y se desarrolló una forma especial de gasolina, el combustible diesel.

13   Diesel murió relativamente joven y no vio que su motor fue ampliamente usado. Desapareció de la cubierta de un barco de vapor que viajaba a Inglaterra en 1913. Algunos piensan que iba allí a compartir sus planes para una versión mejorada de su motor, lo que ayudaría al ejército inglés, y que el gobierno alemán tuvo algo que ver con su muerte. Nadie sabe a ciencia cierta lo que le pasó a Diesel, pero sus inventos perdurarán siempre.

Biografía

Resumir y parafrasear

**Motor a gas de
Nikolaus Otto**

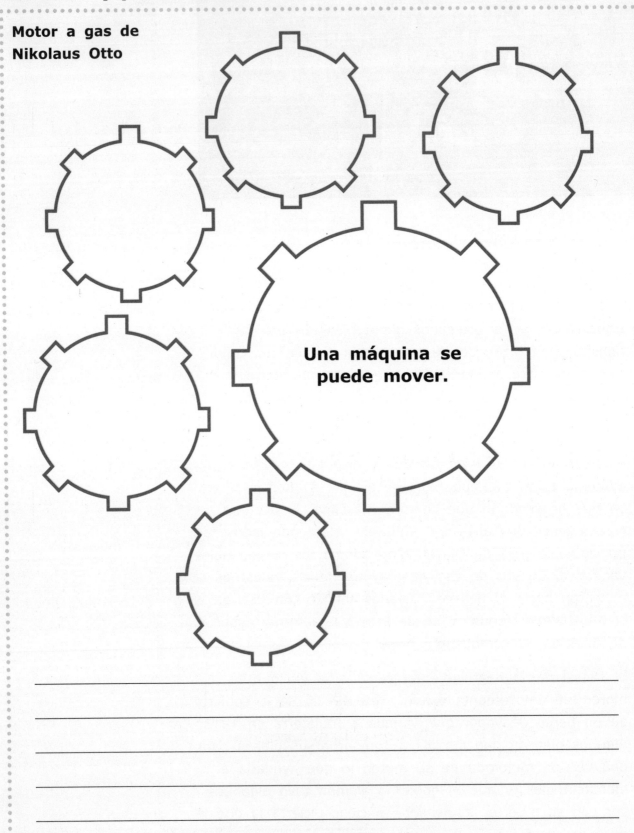

Una máquina se
puede mover.

_____

_____

_____

_____

_____

Identificar el lenguaje literario y otros elementos usados en biografías

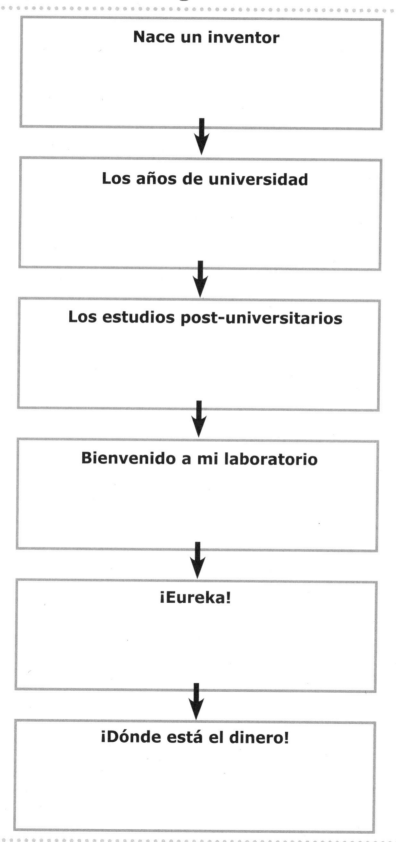

Nace un inventor

Los años de universidad

Los estudios post-universitarios

Bienvenido a mi laboratorio

¡Eureka!

¡Dónde está el dinero!

Preguntas dependientes del texto

1 Las personas dicen que alguien está obsesionado cuando no pueden dejar de pensar en algo. ¿Dirías que Rudolf Diesel estaba obsesionado con la construcción de un motor más eficiente?

_____

_____

_____

_____

Evidencia textual:

_____

_____

_____

_____

2 ¿En qué se parecían los motores de Otto y el de Diesel? ¿En qué se diferenciaban?

_____

_____

_____

_____

Evidencia textual:

_____

_____

_____

3 ¿Qué puede inferir el lector del párrafo 6 sobre los experimentos de Diesel con la energía solar?

_____

_____

_____

_____

Evidencia textual:

_____

_____

Mis lecturas STAAR • Grado 5 • ©2015 Benchmark Education Company, LLC

Preguntas de práctica

1 El autor incluye los párrafos 1 a 3 en orden para

A contar la historia de los motores a gas y explicar cómo la gasolina se hace a partir de combustibles fósiles.

B comparar motores a vapor y gas y contar cómo se conocieron Rudolf Diesel y Nikolaus Otto.

C brindar información de contexto y mostrar cómo Rudolf Diesel se interesó en los motores a gas.

D describir los motores a vapor y explicar cómo Nikolaus Otto fabricó un motor a gas que era más eficiente.

---

2 El descubrimiento clave que llevó a un motor más eficiente ocurrió cuando Diesel

F usó amoníaco como combustible en vez de gasolina.

G comprimió el aire antes de agregarlo al gas.

H combinó el aire con gasolina antes de encenderlo.

J encendió la mezcla de aire-combustible sin una bujía.

---

3 ¿Qué significa la palabra <u>pionero</u> en el párrafo 7?

A nuevo

B útil

C eficiente

D rentable

Biografía

Escritura

Los inventores suelen tomar notas para llevar registro de sus ideas y los resultados de sus experimentos. Imagina que eres Rudolf Diesel. Anota dos entradas en tus notas de laboratorio. La primera entrada será justo antes de hacer el experimento en que usas amoníaco como combustible. Explica el propósito del experimento y describe tus sentimientos.

La segunda entrada la escribes después de que regresas luego de haber estado por meses en el hospital. Explica qué salió mal y tu siguiente idea (la que se volverá exitosa) para mejorar el motor a gas. Usa la tabla planificadora para organizar tus ideas y luego anótalas en las líneas de abajo.

Antes del experimento	Después del experimento
Propósito del experimento	Qué salió mal
Sentimientos sobre el experimento	La siguiente idea

_____

_____

_____

_____

_____

_____

Mis lecturas STAAR • Grado 5 • ©2015 Benchmark Education Company, LLC

Sacar conclusiones

Lee los pasajes de abajo con un compañero. Usa la información para sacar conclusiones sobre el material y contesta las preguntas.

1 de "Rudolf Diesel: inventor"

Durante 13 años [Diesel] probó distintos diseños y combustibles. Uno de sus motores usaba aire calentado por energía solar. En otro experimento, usó amoníaco como combustible, y el motor explotó. Este accidente envió a Diesel al hospital por varios meses.

¿Qué conclusión puedes sacar sobre Diesel?

_____

_____

2 de "El lobo gris"

Los lobos grises, como todos los lobos, viven en manadas, que a menudo incluyen hasta una docena de miembros. Cada manada tiene un líder macho y hembra, que se conocen como el macho alfa y la hembra alfa. Ellos son los jefes y todo lobo de la manada lo sabe.

¿Qué conclusión puedes sacar sobre la vida del lobo gris?

_____

_____

3 de "Niña de la naturaleza"

La Madre del maíz es parte de un viejo cuento de nuestros antepasados iroqueses. Ella se sacrificó para salvar a otros, para alimentar a otros, para mantenerlos saludables. Ella simboliza la salud y la comida saludable, que no se parece a lo que la mayoría de las personas come hoy en día.

¿Qué conclusión puedes sacar sobre los iroqueses?

_____

_____

Textos informativos: *Ciencias*

¿Qué es un texto informativo?

_____

_____

_____

_____

¿Cuál es el propósito de un texto informativo?

_____

_____

_____

_____

¿Cómo se lee un texto informativo?

_____

_____

_____

_____

¿Quién escribe textos informativos?

_____

_____

_____

_____

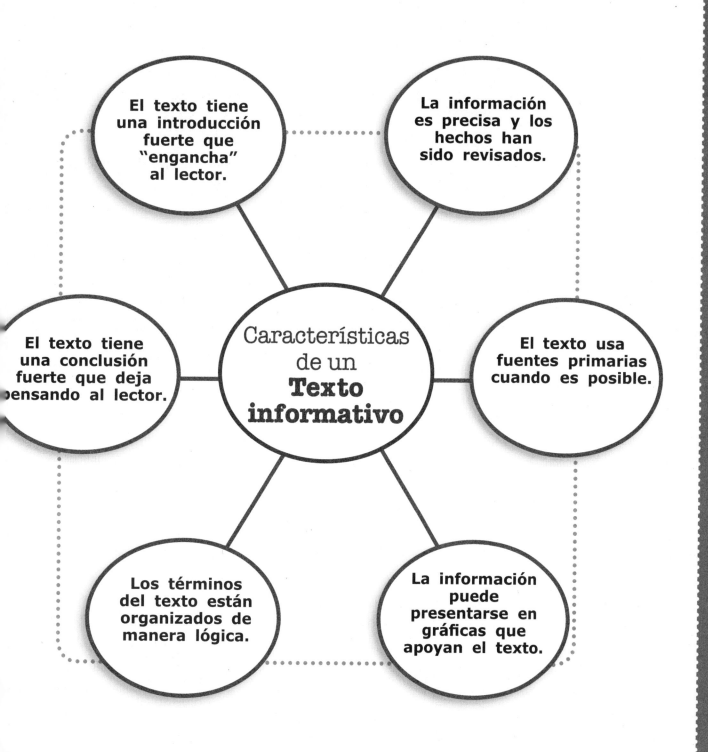

El texto tiene una introducción fuerte que "engancha" al lector.

La información es precisa y los hechos han sido revisados.

El texto tiene una conclusión fuerte que deja pensando al lector.

Características de un **Texto informativo**

El texto usa fuentes primarias cuando es posible.

Los términos del texto están organizados de manera lógica.

La información puede presentarse en gráficas que apoyan el texto.

¡Recuerda tomar notas! →

Conoce a Sue

1 El 12 de agosto de 1990, una mujer joven llamada Susan Hendrickson, hizo un descubrimiento increíble. Ubicados cerca de la base de un acantilado en Dakota del Sur, se encontraban los fósiles de un dinosaurio. Pero este no era cualquier dinosaurio. Era un *Tiranosaurio Rex*, "el rey tirano de los dinosaurios". El dinosaurio había estado sepultado por casi 65 millones de años. A medida que los científicos trabajaron para liberar el fósil de su lugar de descanso, comenzaron a comprender este increíble hallazgo. Cuando se logró revelar por completo, el dinosaurio estaba casi 90% completo.

2 En 1997, los huesos del dinosaurio se subastaron. En poco más de ocho minutos, la apuesta ganadora la hizo el Field Museum de Chicago. El museo ofreció más de 8 millones de dólares, la mayor cantidad de dinero que jamás se había pagado por un fósil. Ahora el dinosaurio tenía un hogar y un propósito.

Mis lecturas STAAR • Grado 5 • ©2015 Benchmark Education Company, LLC

3   "Sue," nombrada en honor a su descubridora, se considera el fósil más grande y el mejor preservado de su tipo. Además es el más completo. Mide 42 pies de largo, desde el hocico a la cola, y casi 13 pies de altura. Sue pesa unas increíbles 3,922 libras; el cráneo solo pesa 600 libras. De los 324 huesos que se sabe que componen el esqueleto de dinosaurio, Sue tiene un total de 224. De hecho, el cuerpo de Sue está tan bien preservado que los científicos son capaces de ver en dónde se encontraban los músculos del dinosaurio, particularmente en el área de la cola.

4   El *T. rex* fue una de las últimas especies de dinosaurio que vivió en América del Norte, hace más de 67 millones de años. Ya que Sue es el fósil de dinosaurio más completo que jamás se haya descubierto, tiene un tremendo valor para las personas que estudian los dinosaurios.

5   Sue continúa siendo objeto de gran fascinación entre los amantes de los dinosaurios de todo el mundo. Y con la ayuda de Sue seguimos aprendiendo más sobre estas increíbles criaturas.

Notas:

Determinar hechos en el texto

Reseña personal

Nombre: _____

Edad: _____

Altura: _____

Largo: _____

Peso: _____

Residencia: _____

Ocupación: _____

_____

_____

Logros especiales: _____

_____

_____

_____

_____

_____

_____

Analizar el patrón de orden de un texto

Hace mucho	Pasado reciente	Hoy en día

Preguntas dependientes del texto

1 ¿Por qué es Sue un "descubrimiento increíble"?

_____

_____

_____

Evidencia textual:

_____

_____

_____

2 En el párrafo 2, el autor escribe: "Ahora el dinosaurio tenía un hogar y un propósito". ¿Qué quiere decir el autor?

_____

_____

_____

Evidencia textual:

_____

_____

_____

3 ¿Qué tan bien explica el autor quién descubrió al dinosaurio?

_____

_____

_____

_____

Evidencia textual:

_____

_____

Preguntas de práctica

STAAR PREP

1 ¿Sobre qué trata principalmente este artículo?

A lo que les ocurre a los fósiles de dinosaurio después de que han sido descubiertos

B cómo los científicos juzgan la calidad de los huesos fosilizados de dinosaurio

C cómo los restos de un *Tiranosaurio rex* llegaron a llamarse "Sue"

D por qué el descubrimiento de un dinosaurio fosilizado fue especialmente importante

2 En el párrafo 4, la palabra <u>descubierto</u> significa

F llenos de tierra.

G cubiertos de tierra.

H sepultados en la tierra.

J sacados de la tierra.

3 Según la información en el párrafo 3, el lector puede concluir que los otros esqueletos de *T. rex* descubiertos tenían

A al menos 324 huesos.

B menos de 42 huesos.

C menos de 224 huesos.

D más de 3,922 huesos.

Escritura

Sugerencia para la escritura: Imagina que el Field Museum de Chicago va a convertir a Sue en un dinosaurio animado. Escribe el guión para Sue. El guión debe cumplir dos propósitos: (1) compartir la historia del descubrimiento de Sue; y (2) educar al público sobre el dinosaurio *T. rex* en general. Usa la tabla planificadora para organizar tus ideas y luego escríbelas en las líneas de abajo.

Detalles sobre el descubrimiento de Sue	Detalles sobre los dinosaurios *T. rex* en general

_____

_____

_____

_____

_____

_____

Organizar en secuencia y resumir

Practica cómo organizar en secuencia "Conoce a Sue" y "Rudolf Diesel: inventor".

Parte 1: La siguiente lista incluye sucesos que ocurrieron en "Conoce a Sue". Enuméralos para organizarlos del primero al último.

____ Liberado de su lugar de descanso, *T. rex* está 90% completo.

____ Los huesos de dinosaurio se subastaron.

____ El *Tiranosaurio rex* vivía en América del norte.

____ Susan Hendrickson descubre los restos fósiles.

____ El Field Museum de Chicago paga $8 millones por los huesos de Sue.

____ Sue ayuda a las personas a aprender sobre los dinosaurios.

Parte 2: La siguiente lista incluye sucesos que ocurrieron en "Rudolph Diesel: inventor". Enuméralos para organizarlos del primero al último.

____ Rudolf Diesel nace en París, de padres alemanes.

____ Diesel abre un laboratorio en París.

____ Diesel inventa un motor con un cilindro de hierro y un volante en la base.

____ Diesel desaparece de un barco.

____ El motor de Diesel tiene muchos usos en la industria.

____ La mayoría de los barcos, trenes y fábricas funcionan con motores a vapor.

Mis lecturas STAAR • Grado 5 • ©2015 Benchmark Education Company, LLC

Notas:

Mis lecturas STAAR • Grado 5 • ©2015 Benchmark Education Company, LLC

Notas:

Mis lecturas STAAR • Grado 5 • ©2015 Benchmark Education Company, LLC

Notas:

Notas: